音声DL付

マレーシ 語 の基本が 7日間で わかる本

近藤由美
モハマド・フィクリ・ビン・モハマド・ジュラニ 著

KADOKAWA

はじめに

≫ 応用できる日常会話

「もっと早くマレーシア語が話せればよかったのに」このような声をINJカルチャーセンターでマレーシア語学習を始められた旅行好きの方、出張や赴任のご予定のある方からよくいただきます。マレーシア語は世界で最も簡単な言語と言われており、少し学習すればすぐに初歩的な会話を話せるようになります。しかし、会話文の丸暗記だけでは実際には思うように話すことができません。それはなぜでしょうか？ 基本フレーズを覚えても、実際の会話ではその場の状況に応じて話したいことが少しずつ変わるからです。そこで、基本フレーズを習得すると共に応用フレーズも使いこなせることが必要です。

≫ まずは「自分の言いたいこと、伝えたいこと」を話そう

本書は、初心者の方でもマレーシア語が無理なく徐々に話せるように7日間に分けた構成になっています。

Day 1では発音に慣れ親しんだ後に、現地到着後にすぐに使える日常のあいさつを覚えます。

Day 2では基本単語や例文と共に基本文法を頭に入れて、マレー

シア語の全体像をイメージします。

Day 1 と **Day 2** でマレーシア語の概要がつかめたら、**Day 3 ～ Day 7** では、「自分が言いたい、伝えたい」ことを実際に口に出して話してみます。すでに発音、単語、文法の予備知識があるので、各項目の基本フレーズと応用フレーズの構成もすんなりと理解でき、自分が言いたいことをすぐに話すことができるでしょう。また、ワンポイント解説により、フレーズの理解力を一層高めることができます。さらに、練習問題ではフレーズが口をついて出るかどうかを確認しましょう。

巻末の項目別単語は、**Day 3 ～ Day 7** で学んだ基本フレーズや応用フレーズをカスタマイズするために活用してください。基本フレーズと応用フレーズの色の付いた単語を入れ替えるだけで、さまざまな場面での応用会話ができるようになります。

本書ではよく使われる日常会話を厳選していますが、ワンポイント解説や巻末の項目別単語を併用すれば、ほかの場面でも使える応用会話もどんどんできるようになり、マレーシアでの会話の幅が一気に広がります。皆さまにマレーシア語を話す喜びを感じていただき、現地滞在を心ゆくまで楽しまれることを願っています。

» 同シリーズ『インドネシア語』でマレーシア語との違いをマスター

　これまでに多くの学習者の皆さまから、マレーシア語とインドネシア語の違いについてご質問をいただきました。そこで、その違いが容易に比較できるように、本書と『インドネシア語の基本が7日間でわかる本』を同じ構成にしました。両書籍の同じページを比較すると、発音、スペル、単語、意味の違いは一目瞭然です。マレーシア語の初心者はもちろんのこと、学習経験者やマレーシア人ネイティブスピーカーが『インドネシア語の基本が7日間でわかる本』を読んでも新しい発見があることでしょう。

　マレーシア語とインドネシア語の違いはたくさんありますが、主な違いは「本書の特長と使い方」にも具体例を挙げて明記しました。違いを探し出すヒントとしていただき、学習者の皆さまが両書籍を比較して、ご自身でその違いを探し出してみてください。クイズ感覚で新しい発見をしながら両言語の違いがわかるので、いつの間にか楽しみながら短期間で2言語をマスターすることができることでしょう。インドネシアではマレーシア語もある程度は通じますが、インドネシアに行く機会があれば、ぜひインドネシア語の発音と単語で会話を試みてください。

最後に、本書の内容について様々なご助言をいただいたモハマド・アミルン・ビン・モハマド・ダウド先生、著者の細かい要望にも快くていねいにご対応くださった編集者の城戸千奈津様、田代裕大様、土田浩也様ほか関係者の皆さまに厚く御礼申し上げます。

2024年2月

近藤　由美

モハマド・フィクリ・ビン・モハマド・ジュラニ

本文デザイン
室田潤＋千本聡（細山田デザイン事務所）

イラスト
オザキエミ

ナレーション
Mohammad Fikry Bin Mohammad Jelani
Nurul Ashikin Binti Mabahwi
桑島三幸

DTP・校正
鷗来堂

本書の特長と使い方

　この本はマレーシア語を初めて学ぶ方、特に旅行や出張などでマレーシアに滞在する際に現地の言葉でコミュニケーションをとってみたい方に向けて書かれたマレーシア語の入門書です。

≫特長❶：7日間でマレーシア語の基本が身につく

　「初めてで何から学んでいいかわからない」「じっくり学ぶ時間がない」という方にも短期間で効率よく基本が身につくよう、**7日間で基礎的な発音、語彙、文法、会話が段階的に学べる**構成になっています。あいさつから気持ちが伝わるフレーズまで、話せることが無理なく増えていきます。

Day 1　マレーシア語を聴いて発音してみよう
日常のあいさつなど、よく使う基礎的なフレーズを学びます。

Day 2　マレー語のしくみを知ろう
文字と発音、文の構成など、基本文法を学びます。

Day 3　自分のことが言えるようになろう
自己紹介をして、嗜好、希望、経験について話します。

Day 4　自分の意思を伝えよう
相手に依頼、勧誘をしたり、許可を求め、禁止します。

Day 5　いつどこで何をしたか質問してみよう
「いつ、どこ、だれ、何」などの疑問詞を使って尋ねます。

Day 6　さらにいろいろな質問をしてみよう
状況、方法を尋ね、意見や感想を聞き、助言を求めます。

Day 7　気持ちが伝わる便利フレーズ
感謝、おわびを述べたり、病気や事故の際に助けを求めます。

巻末　項目別単語
会話で使える基本単語をまとめました。

>> 特長❷：旅行や出張ですぐに使える日常会話が学べる

　現地を訪れた際、すぐに役立つ実用的なフレーズを厳選しました。パターン別のフレーズと会話を学びながら、自然に正しい文法も身につきます。

>> 特長❸：独学でも学びやすい

　フレーズは簡単なものから徐々に複雑なものへと段階を踏んで学べる構成になっており、つまずきやすい点にはワンポイント解説を施しました。

>> 正しい発音は音声を聴いてマスターしよう！

　カタカナのルビでは、完璧な発音を表記できません。参考程度にとどめ、音声を繰り返し聴き、実際に声に出して正しい発音をマスターしましょう。

1　パソコンでダウンロードして聴く方法

https://www.kadokawa.co.jp/product/321908000653

ID	PASSWORD
7DaysMalaysia	R@dd5GB9

　上記の**URL**へアクセスいただくと、**mp3**形式の音声データをダウンロードできます。「特典音声のダウンロードはこちら」という一文をクリックしてダウンロードし、ご利用ください。

※音声は**mp3**形式で保存されています。お聴きいただくには**mp3**ファイルを再生できる環境が必要です。
※ダウンロードはパソコンからのみとなります。携帯電話・スマートフォンからはダウンロードできません。
※ダウンロードページへのアクセスがうまくいかない場合は、お使いのブラウザが最新であるかどうかご確認ください。また、ダウンロードする前にパソコンに十分な空き容量があることをご確認ください。
※フォルダは圧縮されています。解凍したうえでご利用ください。
※音声はパソコンでの再生を推奨します。一部のポータブルプレーヤーにデータを転送できない場合もございます。
※なお、本サービスは予告なく終了する場合がございます。あらかじめご了承ください。

2　スマートフォンで音声を聴く方法

 abceed
AI英語教材エービーシード

abceed アプリ（無料）
Android・iPhone 対応

https://www.abceed.com/

　ご利用の場合は、**QR**コードまたは**URL**より、スマートフォンにアプリをダウンロードし、本書を検索してください。

※**abceed**は株式会社**Globee**の商品です（2024年2月現在）。

トラック番号 ———
ダウンロード音声のト
ラック番号です。

基本パターン ———
すぐに役立つ基本フレ
ーズのパターンを厳選
しました。その下の説
明は、パターンを使い
こなすためのヒントや
注意点です。

基本フレーズ ———
基本パターンを使った
フレーズです。地に色
がついている単語部分
を入れ替えて、様々な
フレーズを作ってみま
しょう。

Hari ke-3 (Day 3)- 01

01 名詞と否定 🔊 055

基本フレーズ

私は～です。	私は～ではありません。
Saya + 名詞 **.**	**Saya bukan +** 名詞 **.**
サユ	サユ　ブカン

名詞に名前、国名（→P207）、職業（→P208）を入れて自己紹介をします。
主語は saya 以外の人称代名詞（→P051）に替えると応用でき、否定は主語
の後に bukan「～ではない」を用います。saya「私」を awak「あなた、
君」などに替えて文末を上げ調子に読めば疑問文になり、その場合の返答
は、Ya.［ユ］「はい」、Bukan.「違います」（→P063）です。

はじめまして。　　　　　　　私は田中春奈です。
Selamat berkenalan. Saya Haruna Tanaka.
スラマッ　　　ブルクナラン　　　サユ　　ハルナ　　　タナカ

saya「私」の代わりに nama saya［ナム　サユ］「私の名前」でも構いません。

私は日本人です。
Saya orang Jepun.
サユ　　オラン(グ)　ジュボン

私は会社員です。
Saya pekerja syarikat.
サユ　　ブクルジュ　　シャリカッ

「会社員」は kakitangan syarikat
［カキタ（ン）ガン　シャリカッ］とも
言います。「主婦」は suri rumah
［スリ　ルマ］。職業は P208。

私は大学生ではありません。
Saya bukan mahasiswa.
サユ　　ブカン　　マハスィスワ

「大学生」は pelajar universiti［プ
ラジャル　ユニヴァスィティ］とも言い
ます。mahasiswi［マハスィスウィ］
は「女子大生」。

082

ワンポイント解説 ———
フレーズを使う場面や豆知識などを
紹介しています。入れ替え単語の参
照ページもここで確認できます。

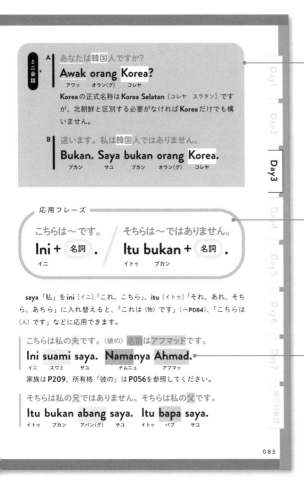

ミニ会話

学んだフレーズを使った会話形式のフレーズで練習しましょう。

応用パターン

基本パターンに関連する応用パターンを紹介しています。

応用フレーズ

応用パターンを使ったフレーズで、さらに会話の幅を広げましょう。

練習問題

最後にフレーズを覚えたかどうかを確認します。解答にはそのフレーズを学んだページを明記したので、わからなければ戻って読み返しましょう。

3. 同シリーズ『インドネシア語』で マレーシア語との違いをマスター!

マレーシア語とインドネシア語は「マレー語」という同一言語を起源としているため、単語や文法などが非常に似通っています。そのため、同時学習が行いやすい言語で、2言語を比較しながら学ぶ人も大変多くなりました。

本書では、「マレーシア語とインドネシア語を同時に習得したい」という要望に応えるため、同シリーズ『インドネシア語の基本が7日間でわかる本』と構成を合わせ、2言語を見比べながら学ぶことを可能にしました。

》特長❶:同じ意味のフレーズが簡単に学べる!

両言語の全てを A = B で説明できないため、一部の例外はありますが、原則として『インドネシア語の基本が7日間でわかる本』と本書は同じ意味のフレーズを同ページの同位置に掲載しています。

たとえば、本書の P108 には Jemput makan.［ジュンポッ マカン］「どうぞお召し上がりください」というフレーズがあります。一方、『インドネシア語の基本が7日間でわかる本』の P108 にも同じ意味の Silakan makan.［スィラカン マカン］というフレーズを載せています。

これにより、「本書の Jemput makan. という表現をインドネシア語ではどのように言うのだろう?」という疑問があっても、すぐに解消できます。

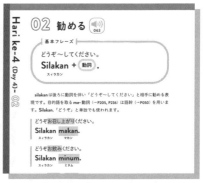

本書　　　　　　　　　　　　　　同シリーズ『インドネシア語』

≫特長❷：同じ意味の単語が見比べられる！

　本書も『インドネシア語の基本が7日間でわかる本』も、巻末の項目別単語には、同じ意味の単語を同じページの同じ位置に掲載しています。

　たとえば、本書のP213の「タクシー」を意味するteksi［テクスィ］という単語は、『インドネシア語の基本が7日間でわかる本』のP213にもtaksi［タクスィ］と載せています。見比べてみると、teksi［テクスィ］、taksi［タクスィ］のようにマレーシア語に近い単語もあれば、basikal［バスィカル］、sepeda［スペダ］「自転車」のようにまったく異なる単語、さらには、jalan［ジャラン］「道、通り」のように完全に同じ単語もあり、学ぶ上で2言語の違いを整理しながら覚えるのに役立ちます。

本書

同シリーズ『インドネシア語』

　このように、本書と『インドネシア語の基本が7日間でわかる本』を見比べると、発音、文法、単語の面で、両言語のまったく同じ部分、非常に似通っている部分、あるいはまったく異なっている部分が見えてきます。

　2言語の関係を整理しながら学べるので、マレーシア語だけでなくインドネシア語も学ぼうと考えている方には、とてもオススメの構成です。

　さらに、次のページでは「4. マレーシア語とインドネシア語の主な違い」と題して、発音、スペル、単語、意味の4つの側面から、マレーシア語とインドネシア語の主な違いを見分けるヒントと具体例を掲載しました。特に、単語や意味が違う場合は、自分では通じているつもりでも相手にまったく通じなかったり、自分の意図とは別の意味に取られて誤解が生じる可能性があるので注意しましょう。

　マレーシア語とインドネシア語には若干の違いがありますが（→P023）、『インドネシア語の基本が7日間でわかる本』を併用して違いがわかれば、同時に2言語をマスターできます。

　次の違いを参考にして、ほかの違いも見つけてみましょう！クイズ感覚で楽しみながら、マレーシア語とインドネシア語の違いが身につきます。

❶ 発音 🔊)) 001

「語末のi＋子音」と「語末のu＋子音」は、母音の発音のみ異なります。

発音	単語	意味	マレーシア語		インドネシア語	
語末a	tiga	3	あいまいなウ	ティグ	ア	ティガ
	saya	私		サユ		サヤ
語末i＋子音	putih	白い	エ	プテ	イ	プティ
	sakit	病気の		サケッ		サキッ
語末u＋子音	minum	飲む	オ	ミノム	ウ	ミヌム
	cukup	十分な		チュコッ（プ）		チュクッ（プ）
v	November	11月	ヴ	ノヴェンブル	フ	ノフェンブル
	Vietnam	ベトナム		ヴィエッナム		フィエッナム

❷ スペル 🔊 002

スペル	意味	マレーシア語	インドネシア語
khとk	木曜日	**Kh**amis カメス	**K**amis カミス
fとp	理解する	**f**aham ファハム	**p**aham パハム
zとs	博物館	mu**z**ium ムズィウム	mu**s**eum ムセウム
eの有無	チョコレート	cok**l**at チョクラッ	cok**e**lat チョクラッ
	英国 (→P207)	Ingg**e**ris イングレス	Inggris イングリス
一部の違い	塩辛い	**m**asin マセン	asin アスィン
	試す	**cu**ba チュブ	**co**ba チョバ
	お金	**w**ang ワン(グ)	**u**ang ウアン(グ)
	月曜日	**Is**nin イスネン	**Se**nin スニン
	日本	Jepu**n** ジュポン	Jepa**ng** ジュパン(グ)
	駅	st**e**sen ステセン	st**a**si**u**n スタスィウン
スペースの有無	看護師	jururawat ジュルラワッ	juru rawat ジュル　ラワッ
	知らせる	beritahu ブリタフ	beri tahu ブリ　タウ
単語の順番の違い	冗談	gurau senda グラウ　スンドゥ	senda gurau スンダ　グラウ

❸ 単語 🔊 003

日本語	マレーシア語	インドネシア語
トイレ	tandas タンダス	kamar kecil カマル　クチル
かばん	beg ベッ(グ)	tas タス
空港	lapangan terbang ラパ(ン)ガン　トゥルバン(グ)	bandara バンダラ
パーティー	jamuan （食事会）/ majlis （公式な会） ジャムワン　　　　　　　　マジリス	pesta ペスタ
ゼロ(0)	sifar スィファル	nol ノル
楽しい	seronok スロノッ	senang スナン(グ)
さぼる	ponteng ポンテン(グ)	bolos ボロス

❹ 意味 🔊 004

単語	マレーシア語		インドネシア語	
polis	ポリス	警察	ポリス	保険証券
budak	ブダッ	子供	ブダッ	奴隷
menjemput	ムンジュン ポッ	招待する	ムンジュン プッ	迎えに行く 迎えに来る
percuma	プルチュム	無料の	プルチュマ	むだな
boleh	ボレ	～できる ～してもよい	ボレ	～してもよい

目次

はじめに ………………………………………………… 002

本書の特長と使い方 ………………………………… 006

Hari pertama (Day 1)
マレーシア語を聴いて発音してみよう ……… 021

01 マレーシア語はどんな言葉? ………………… 022

02 マレー語を聴いて話してみよう ……………… 024

03 日常のあいさつ ………………………………… 026

04 気軽な日常のあいさつ ………………………… 028

05 別れのあいさつ ………………………………… 030

06 お礼とおわび …………………………………… 032

07 返事とあいづち ………………………………… 034

08 感情を伝える …………………………………… 036

練習問題 …………………………………………… 038

Hari ke-2 (Day 2)
マレー語のしくみを知ろう ……………………… 041

01 文字と発音 ……………………………………… 042

02 母音 ……………………………………………… 043

03 子音 ……………………………………………… 045

04 単語の構成 ……………………………………… 050

05 指示代名詞、場所の副詞 ……………………… 050

06 人称代名詞 ……………………………………… 051

07 数詞 ……………………………………………… 052

08 序数 ……………………………………………… 054

09 回数 ……………………………………………… 054

10 通貨 ……………………………………………… 054

11 助数詞 …………………………………………… 055

目次

12 修飾語 ……………………………………………… 056

13 基本文型 …………………………………………… 058

14 否定文 ……………………………………………… 059

15 疑問文と答え方 …………………………………… 063

16 疑問詞 ……………………………………………… 064

17 年月日 ……………………………………………… 065

18 期間 ………………………………………………… 067

19 時刻 ………………………………………………… 068

20 程度を表す副詞 …………………………………… 070

21 比較 ………………………………………………… 071

22 接続詞 ……………………………………………… 072

23 完了、継続の助動詞 ……………………………… 074

24 未来、可能などの助動詞 ………………………… 075

25 前置詞 ……………………………………………… 076

練習問題 ……………………………………………… 078

Hari ke-3 (Day 3)

自分のことが言えるようになろう …………… 081

01 名詞と否定 ………………………………………… 082

私は〜です。｜私は〜ではありません。

02 指示代名詞 ………………………………………… 084

これは〜です。｜それ(あれ)は〜ではありません。

03 所有 ………………………………………………… 086

私は〜を持っています。／〜はあります。

04 完了(1) …………………………………………… 088

私はもう〜しました。／私は〜しています。

05 完了(2) …………………………………………… 090

私は〜したばかりです。

06 現在進行 ··· 092

私は〜しているところです。／私は〜中です。

07 好み、嗜好、習慣 ··· 094

私は〜が好きです。｜私は〜するのが好きです。／よく〜します。

08 要求、希望 ··· 096

私は〜がほしいです。｜私は〜はいりません。／私は〜はほしくありません。

09 経験 ·· 098

私は〜したことがあります。｜私は〜したことがありません。

10 可能、不可能 ·· 100

私は〜できます。｜私は〜できません。

練習問題 ··· 102

Hari ke-4 (Day 4) ─────────────────────────

自分の意思を伝えよう ································· 105

01 要求、要望、依頼 ··· 106

〜をください。｜〜をお願いします。

02 勧める ·· 108

どうぞ〜してください。

03 勧誘 ·· 110

〜しましょう。｜さあ、〜しよう。(口語)

04 許可、禁止 ·· 112

〜してもいいですか?｜いいです。｜だめです。

05 未来、意思 ·· 114

私は〜するつもりです。／〜する予定です。

06 必要、不要 ·· 116

私は〜が必要です。｜私は〜は必要ありません。

07 義務、当然 ·· 118

私は〜しなければなりません。

目次

08 推量 ·· 120
　おそらく／たぶん～です。

09 決意、確信 ·· 122
　必ず／きっと～します。

10 興味 ·· 124
　私は～（名詞）に興味があります。｜私は～（名詞）に魅力を感じます。

練習問題 ·· 126

Hari ke-5 (Day 5)
いつどこで何をしたか質問してみよう ·············· 129

01 疑問詞 apa ·· 130
　～は何ですか？

02 疑問詞 siapa ·· 132
　だれですか？｜だれのものですか？

03 疑問詞 di / ke / dari mana ·································· 134
　どこ(に／で)ですか？｜どこへですか？｜どこからですか？

04 疑問詞 mana, yang mana ···································· 136
　どちらの～（名詞）ですか？／どの～（名詞）ですか？｜どちらですか？

05 疑問詞 berapa (1) ·· 138
　いくらですか？／いくつですか？

06 疑問詞 berapa (2) ·· 140
　どれくらい～ですか？

07 疑問詞 berapa (3) ·· 142
　何時ですか？｜何時間ですか？

08 疑問詞 bila ·· 144
　いつですか？

09 疑問詞 bagaimana ·· 146
　～はどうですか？／～はどうでしたか？

10 疑問詞 mengapa, kenapa ·· **148**
なぜですか？｜〜だからです。

練習問題 ·· **150**

Hari ke-6 (Day 6)
さらにいろいろな質問をしてみよう ··················· 153

01 存在の有無を尋ねる ·· **154**
〜はありますか？／〜はいますか？｜あります。／います。｜
ありません。／いません。

02 行動を尋ねる ·· **156**
あなたは〜しますか？｜はい。｜いいえ。

03 感想を聞く、感想を述べる ··· **158**
〜は楽しかったですか？｜〜には満足しました。／がっかりしました。

04 行き先、経由を尋ねる ·· **160**
この(乗り物)は〜行きですか？｜この(乗り物)は〜経由ですか？

05 物事、人について尋ねる ·· **162**
あなたは〜を知っていますか？｜あなたは〜と面識がありますか？

06 助言を乞う ·· **164**
〜を(私に)教えてください。／〜を(私に)教えていただけますか？

07 人、物、状況を尋ねる ·· **166**
〜はどうですか？／〜はどうでしたか？

08 方法を尋ねる ·· **168**
どのようにして〜しますか？

09 勧誘する ··· **170**
〜するのはどうですか？／〜したらどうですか？

10 意見を聞く ·· **172**
〜についてあなたはどう思いますか？

練習問題 ·· **174**

目次

Hari ke-7 (Day 7) ────────────

気持ちが伝わる便利フレーズ ········· 177

01 お礼、感謝 ················· 178
〜していただき、ありがとうございます。

02 おわび ··················· 180
〜してごめんなさい。／申し訳ありません。

03 願望 ···················· 182
〜でありますように。

04 祝辞 ···················· 184
(祝日、行事)｜(幸福、目標達成、成功)おめでとうございます。

05 病気、ケガ ················ 186
私は(体調が)〜です。

06 紛失、盗難、事故 ············ 188
私は〜をなくしました。／紛失しました。

07 故障、不本意 ··············· 190
〜が故障しました。｜私はやむをえず〜します。

08 快諾、強い願望 ·············· 192
喜んで私は〜します。｜私は〜したくてたまりません。

09 物事、才能をほめる ··········· 194
とてもすてきな〜ですね。｜あなたは〜がとても上手ですね。

10 感謝、理由を伝える ··········· 196
〜のおかげです。｜〜のせいです。

練習問題 ··················· 198

Kolom Mini (Mini Column) ────────────

マレー語と日本語の微妙な違い ········· 201

巻末 ────────────

項目別単語 ·················· 205

Hari pertama (Day 1)

マレーシア語を聴いて発音してみよう

マレーシア語の概要と基本フレーズ

まずマレーシア語の成り立ちや使用地域、文字、発音、文法の概要を頭に入れます。次に自己紹介の音声を聴いて音の雰囲気をつかみ、繰り返し音声を聴きながら発音すると、自己紹介ができるようになります。日常のあいさつなどは、そのまま覚えて現地到着後すぐに使ってみましょう。

01 マレーシア語はどんな言葉?

▶▶マレーシア語とマレー語の関係

　マレーシア語はマレーシアの国語で、人口の**70%**を占めるマレー系民族が母語とする **bahasa Melayu**［バハス　ムラユ］「マレー語」と同義です。複合民族社会マレーシアでは、中国系（人口の**23%**）は中国語（北京語、福建語、広東語など）、インド系（同**8%**）はタミール語、ボルネオ島に住む少数民族は各民族の言語であるカダザン語、ビダユ語、イバン語などを話しています。これらの民族の国語として「マレー語」を **bahasa Malaysia**［バハス　マレイスィャ］「マレーシア語」と呼んでいますが、起源の同じ「マレー語」をインドネシアの国語として **bahasa Indonesia**［バハス　インドネスィヤ］「インドネシア語」と呼ぶようになったのと同様です。インドネシア語はインドネシアで独自の発展を遂げ、マレー語はシンガポールの国語、ブルネイの公用語でもあります。マレー語とインドネシア語は発音や語彙に多少の違いがありますが、コミュニケーションは可能です。本書ではマレーシア以外でも話されているマレー語として説明をします。

▶▶マレー語が使われる地域

　元々、マレー語は、スマトラ島東海岸およびマレー半島で商人に話されていた商用共通語でしたが、現在は、マレーシア、シンガポール、ブルネイ、インドネシア、東ティモール、フィリピン南部、タイ南部など東南アジアの広域で話されています。

≫ マレー語とインドネシア語の違い

　マレー語とインドネシア語のコミュニケーションは可能ですが、単語の違いを知っていると誤解が生じません。スペルや発音が多少異なるだけなら、マレー語、インドネシア語の順番で、「椅子」kerusi［クルスィ］、kursi［クルスィ］、「塩辛い」masin［マセン］、asin［アスィン］は容易に意味が想像できます。

　しかし、単語が全く異なるもの、たとえば、「スプーン」sudu［スドゥ］、sendok［センドッ］、「窓」tingkap［ティン（グ）カッ（プ）］、jendela［ジュンデラ］などは、各言語の単語を覚えるしかありません。さらに、同じ単語でも意味が異なるものには注意が必要です。たとえば、マレー語のkereta［クレトゥ］「車」、pejabat［プジャバッ］「事務所」、jeruk［ジュロッ］「ピクルス」は、インドネシア語ではそれぞれ「列車」、「高官」、「柑橘類」です。

　インドネシア人がIa sangat senang.［イア　サンガッ　スナン（グ）］「彼はとても楽しんでいる」と言うと、マレーシア人には「そいつはとても楽な生活をしている（お金持ちだ）」と聞こえます。インドネシア語のia「彼／彼女」、senang「楽しい」は、マレー語では「そいつ（通常、物を指すので人に使うと失礼）」、「楽な、快適な」だからです。

　なお、同シリーズ『インドネシア語の基本が7日間でわかる本』と併せて学習すれば、ネイティブでもよくまちがえるマレー語とインドネシア語の単語や言い回しの違いがわかります。

≫ マレー語と日本語との類似点

　マレー語には日本語に似た単語、たとえば、日本語が語源のtsunami［ツナミ］「津波」、サンスクリット語が語源のneraka［ヌラカ］「奈落」があります。繰り返しの言葉も多く、biri-biri［ビリビリ］「羊」、gula-gula［グルグル］「飴」、bila-bila［ビルビル］「いつでも」は日本語に聞こえませんか？　このように、日本語に似ている言葉も多いため、マレーシア人は、日本人の名前の高田はTak ada.［タッ　アドゥ］「ありません」、田村はTak murah.［タッ　ムラ］「安くありません」と読んでしまうようです。

02 マレー語を 聴いて話してみよう

マレー語は、文字、発音、文法が簡単で、初心者にやさしい言語です。

❶ 文字はアルファベット

新たな文字を覚える必要がないので、すぐに読めます。

❷ 発音はローマ字読み

アルファベットをそのまま読むだけで、イントネーションやアクセントはあまり気にしなくても構いません。「人」は **orang**［オラン（グ）］、「〜できる」は **boleh**［ボレ］、「言語」は **bahasa**［バハス］です。簡単ですね。

❸ 文法も簡単

マレーシア語の文法はシンプルで、名詞は単数と複数を区別しない、主格（〜は）、所有格（〜の）、目的格（〜を）などの格変化がない、主語や時制による動詞の活用変化がないなど単語の語形変化がありません。

過去、現在、未来などの時制は、その場の状況で判断します。時制を明確にするには、**semalam**［スマラム］「昨日」、**sekarang**［スカラン（グ）］「今」など時を表す単語を文頭や文末に付けたり、**akan**［アカン］「〜するつもりです」など時制を表す助動詞を動詞の前に追加します。

Dia pergi semalam.	昨日、彼は行きました。
Sekarang dia pergi.	今、彼は行きます。
Dia akan pergi.	彼は行くつもりです。

疑問文にするには、日本語と同様に **Dia pergi?**（↗）［ディユ　プルギ］「彼は行きますか？」と平叙文の文末を上げ調子に読むだけです。

まずはマレー語がどんな言葉なのか、自己紹介の音声を聴いてみましょう。最初はわからなくても、本書で学習したらすぐに話せるようになります。各文には本書で学習するページ数を入れました。

≫ 自己紹介のスピーチ 🔊 005

Selamat tengah hari. →P026
スラマッ　　　トゥ(ン)ガ　　ハリ

こんにちは。

Nama saya Kento Suzuki. →P082
ナム　　　サユ　　　ケント　　　スズキ

私の名前は鈴木賢人です。

Saya orang Jepun. →P082
サユ　　オラン(グ)　　ジュポン

私は日本人です。

Saya baru belajar bahasa Melayu. →P090
サユ　　バル　　ブラジャル　　バハス　　　ムラユ

私はマレー語の勉強を始めたばかりです。

Saya boleh berbahasa Melayu sedikit. →P100
サユ　　ボレ　　ブルバハス　　ムラユ　　スディケッ

私は少しマレー語を話すことができます。

Saya gembira bertemu dengan awak. →P027
サユ　　グンビル　　ブルトゥム　　ドゥ(ン)ガン　　アワッ

あなたにお会いできてうれしいです。

Jumpa lagi. →P031
ジュンプ　　ラギ

またお会いしましょう。

03 日常のあいさつ

🔊 006

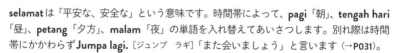

おはようございます。（〜11時）

Selamat pagi.

スラマッ　　　パギ

selamat は「平安な、安全な」という意味です。時間帯によって、**pagi**「朝」、**tengah hari**「昼」、**petang**「夕方」、**malam**「夜」の単語を入れ替えてあいさつします。別れ際は時間帯にかかわらず **Jumpa lagi.**［ジュンプ　ラギ］「また会いましょう」と言います（→P031）。

こんにちは。（11〜13時）

Selamat tengah hari.

スラマッ　　　トゥ（ン）ガ　　　ハリ

こんにちは。（13時〜日没）

Selamat petang.

スラマッ　　　プタン（グ）

こんばんは。／さようなら。／おやすみなさい。（日没〜）

Selamat malam.

スラマッ　　　マラム

夜間、会う時だけでなく、別れ際や就寝前にも使いますが、その場合は「さようなら」「おやすみなさい」という意味です。「おやすみなさい」を **Selamat tidur.**［スラマッ　ティドル］（**tidur**［ティドル］は「寝る」という意味）とは言いません。

はじめまして。

Selamat berkenalan. / Salam perkenalan.

スラマッ　　　　ブルクナラン　　　　　サラム　　　　ブルクナラン

berkenalan「知り合いになる」、**perkenalan**「知り合い」という意味ですが、慣用表現としてそのまま覚えましょう。この表現の後には、必ず自分の名前を名乗り（→P082）ます。

A ようこそいらっしゃいました。お元気ですか?

Selamat datang. Apa khabar?

スラマッ　　　ダタン(グ)　　　アプ　　　カバル

Selamat datang. は「ようこそ」という決まり文句です。

B 元気です、ありがとう。

Khabar baik, terima kasih.

カバル　　　バエッ　　　トゥリム　　　カセ

Khabar baik.「元気です」のほかに Macam biasa.［マチャム　ビアス］「相変わらずです（いつも通りです）」、Sibuk sikit.［スィボッ　シキッ］「ちょっと忙しいです」も覚えましょう。

あなたはどうですか?

Bagaimana dengan puan?

バガイマヌ　　　ドゥ(ン)ガン　　　プワン

下線部の「あなた」は相手の性別や年齢によって使い分けてください（→P051）。

A 私も元気です。

Saya juga baik-baik sahaja.

サユ　　ジュグ　　バエッバエッ　　サハジュ

juga を主語（この文では saya「私」）の後に入れると「〜も」という意味になります。baik-baik「元気な」は sihat-sihat［スィハッ　スィハッ］「健康な」に入れ替え可。気軽な会話には sahaja の代わりに saja［サジャ］がよく使われます。

あなたにお会いできてうれしいです。

Saya gembira bertemu dengan encik.

サユ　　　グンビル　　　ブルトゥム　　　ドゥ(ン)ガン　　　ウンチェッ

B 私もあなたにお会いできてうれしいです。

Saya juga gembira bertemu dengan puan.

サユ　　ジュグ　　グンビル　　　ブルトゥム　　　ドゥ(ン)ガン　　　プワン

よろしくお願いします（ご協力をお願いします）。

Mohon kerjasamanya.

モホン　　　クルジュサムニュ

04 気軽な日常の あいさつ ((·)) 007

A | ごはん食べた?

Sudah makan?
スダ　　　マカン

食事の時間帯での気軽な日常のあいさつで、「元気?」と同じ意味で使われます。四季がある日本では「暑いですね」など天候を話題にしますが、常夏の国マレーシアでは、しっかりごはんを食べて元気かどうかを相手に確認します。

B | もう食べたよ。

Sudah.
スダ

直訳は「もうすんだよ」で、完了を表します。あいさつなので、食べていなくても **Belum.** [ブロム]「まだだよ」とはめったに言いません。相手に食事の用意などで気を遣わせないためです。

A | どこ行くの?

Nak ke mana?
ナッ　　ク　　マヌ

これもあいさつの決まり文句です。特に行き先を聞きたいわけではないので、具体的に答えなくても構いません。

B | ちょっとそこまで。／ちょっと散歩に。

Nak ke sana. ／ Nak ambil angin.
ナッ　ク　サヌ　　　　ナッ　　アンベル　ア(ン)ゲン

どちらの返答もよく使います。**Nak ke sana.**「ちょっとそこまで」の日本語は「そこ」ですが、マレー語は **situ** [スィトゥ]「そこ」ではなく **sana**「あそこ」を用います。

Day1

Day2

Day3

Day4

Day5

Day6

Day7

項目別単語

A ひさしぶり（長らく会っていないね）。

Sudah lama tak jumpa.

スダ　　　ラム　　　タッ　　ジュンプ

会話では tidak［ティダッ］の省略形の tak［タッ］がよく使われます。**Sudah lama tidak berjumpa.**［スダ　ラム　ティダッ　ブルジュンパ］にすると、「おひさしぶりです」とていねいな表現になります。

今までどうしてた（どこへ行ってた）？

Ke mana sahaja selama ini?

ク　　マヌ　　　サハジュ　　　スラム　　　イニ

ひさしぶりに会う親しい人へのあいさつです。

B 特に何も（どこへも行ってないよ）。

Tak ke mana-mana pun.

タッ　　ク　　　　マヌマヌ　　　　　ポン

特に変わったことがなければ、この返答が無難です。

相変わらずです（以前と同じです）。

Masih seperti dahulu/dulu.

マスィ　　　スプルティ　　　ダフル　　　ドゥル

- -

A 家族は元気?

Keluarga sihat, kah?

クルワルグ　　　スィハッ　　　カ

家族を大切にするマレーシアでは、相手だけではなく、相手の家族のことも気遣います。文末を上げ調子に読んだり、文末に **kah** を付けると疑問文になります（→**P063**）。

B ええ、みんな元気。

Ya, semua sihat.

ユ　　スムワ　　スィハッ

05 別れのあいさつ

🔊 008

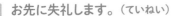

また明日。

Jumpa lagi esok.

ジュンプ　　ラギ　　エソッ

esok「明日」は minggu depan [ミング　ドゥパン]「来週」などに入れ替え可能です。

お先に失礼します。(ていねい)

Minta diri dulu.

ミントゥ　ディリ　ドゥル

返答は Silakan. [スィルカン]「どうぞ」。

お先に。(普通)

Pergi dulu, ya.

プルギ　　ドゥル　　ユ

お気をつけて。

Hati-hati.

ハティハティ

身体に気をつけてね。

Jaga diri baik-baik, ya.

ジャグ　ディリ　　バエッバエッ　　ユ

文末の ya「〜ね」は確認や念押しを表します。省略して Baik-baik, ya. とも言います。

バイバイ。／じゃあね。

Bai-bai.

バイバイ

親しい人への気軽なあいさつです。

A また会いましょう。　さようなら。

Jumpa lagi. Selamat malam.
ジュンプ　　　ラギ　　　　スラマッ　　　　マラム

Selamat malam.「さようなら」は夜間のみに使用します。夜間以外は **Jumpa lagi.** を使いましょう（→P026）。

B また会いましょう。　さようなら。

Jumpa lagi. Selamat malam.
ジュンプ　　　ラギ　　　　スラマッ　　　　マラム

- -

A 行ってらっしゃい。／さようなら。

Selamat jalan.
スラマッ　　　ジャラン

旅行などでしばらく会わない人に使い、家族、会社、学校などで日常会う人には使いません。日常の別れ際には **Jumpa lagi.** を使いましょう。

B 行ってきます。／さようなら。

Selamat tinggal.
スラマッ　　　ティンガル

上記 **A** への返答です。

A 道中お気をつけて。

Hati-hati di jalan.
ハティハティ　　ディ　ジャラン

B あなたも気をつけてね。

Awak juga hati-hati, ya.
アワッ　　ジュグ　　　ハティハティ　　　ユ

Day2 Day3 Day4 Day5 Day6 Day7 項目別単語

031

06 お礼とおわび

🔊 009

ありがとう。

Terima kasih.
トゥリム　　　　カセ

おみやげをありがとう。

Terima kasih atas buah tangan.
トゥリム　　　カセ　　　アタス　　　ブワ　　　タ(ン)ガン

atas「〜を」の後には名詞が入ります。buah tangan「おみやげ」はhadiah［ハディヤ］「プレゼント」、gambar［ガンバル］「写真」に入れ替え可。

あなたのご配慮に感謝します。

Terima kasih atas keprihatinan awak.
トゥリム　　　カセ　　　アタス　　クプリハティナン　　　　アワッ

keprihatinan「ご配慮」は、bantuan［バントゥワン］「ご助力」、nasihat［ナスィハッ］「ご助言」、undangan［ウンダ（ン）ガン］「ご招待」に入れ替え可。便宜上、「あなた」はawakにしていますが、相手の年齢や性別によって使い分けてください（→P051）。

- -

A どうもありがとう。

Terima kasih banyak.
トゥリム　　　カセ　　　バニャッ

banyak「たくさんの」を付けると感謝の気持ちが強調されます。

B どういたしまして。／構いません。

Sama-sama. / Tidak mengapa. / Tidak apa.
サムサム　　　　　　ティダッ　　ム(ン)ガプ　　　　ティダッ　　アプ

sama-samaは自分もsama「同じ、同様」に感謝するという意味のていねいな表現です。Tidak mengapa.とTidak apa.（Tidak apa-apa.［ティダッ　アプアプ］やTak apa.［タッ　アプ］も可）は共に「大丈夫です」という意味で、お礼とおわびの両方の返答に使われます。

ごめんなさい。すみません。 / 申し訳ありません。

Maaf. / Minta maaf. / Maafkan saya.

マアフ　　　　ミントゥ　　マアフ　　　　　マアフカン　　　サユ

Maaf. と Minta maaf. は英語の Sorry.「ごめんなさい（謝罪）」、Excuse me.「すみませんが（人に呼びかけたり、人混みを通り抜けたりする時）」に相当する表現で、Maafkan saya. は相手に許しを請う表現です。

A | ごめんなさい。

Minta maaf.

ミントゥ　　マアフ

B | 何でもありません。／大丈夫です。／構いません。

Tidak mengapa. / Tak apa.

ティダッ　　　ム(ン)ガプ　　　タッ　　アプ

マレーシアでは謝罪への返答だけでなく、ミスをした人も使うので、日本人は「それはこちらのセリフ！」と言いたくなります。しかし、日本人が自分の過ちを謝罪するのに対して、マレーシア人は「たいした問題ではない」「私が解決するので大丈夫」などの意味で使います。憤慨する相手を落ち着かせるための気遣いの言葉なのです。

気にしません。／どうでもいいよ。／私には関係ない。

Tak kisah.

タッ　　キサ

> 英語の I don't care. と同じ意味です。

A | すみません、おうかがいしますが。

Tumpang tanya.

トゥンパン(グ)　　　タニュ

> 道を尋ねたり、質問する前に使います。

B | どうぞ。

Silakan.

スィルカン

07 返事とあいづち 🔊 010

はい。 / いいえ。 / 違います。

Ya. / **Tidak.** / **Bukan.**

ユ ／ ティダッ ／ ブカン

tidak は動詞と形容詞の否定、bukan は名詞の否定に使います。答え方は **P063**。

承知しました。 / 了解です。

Baiklah. / **OKlah.**

バエッラ ／ オケラ

OK は気軽な表現です。口語では強調を表す接尾辞 **-lah**〔ラ〕（→P037）をよく付けます。

わかりました。 / わかりません。

Saya faham. / **Saya tidak faham.**

サユ　ファハム ／ サユ　ティダッ　ファハム

相手の言っていることを理解したかどうかの返答です。

知っています。 / 知りません。

Saya tahu. / **Saya tidak tahu.**

サユ　タフ ／ サユ　ティダッ　タフ

尋ねられたことや事実について自分が知っているかどうかの返答です。

もちろんです。

Sudah tentu.

スダ　トゥントゥ

本当ですか? / 本当です。

Betul? / Biar betul? / **Betul.**

ブトル　ビアル　ブトル ／ ブトル

betul, benar は共に「本当の」という意味で、平叙文には両方用いますが、疑問文に **Benar?** はあまり用いません。**Betul?** と聞かれたら **Benar.** ではなく **Betul.** と答えるのが自然です。

あ あ、そうですか。（ていねい）

Oh, begitu.
オ　　　ブギトゥ

あ あ、そうなんだ。（普通）

Oh, macam tu.
オ　　　　マチャム　　トゥ

相手の話を理解して納得した時に用います。

おめでとう。

Tahniah.
タニャ

（あなたの）ご成功おめでとう。

Tahniah atas kejayaan awak.
タニャ　　　　アタス　　クジャヤアン　　アワッ

祝辞の詳細はP184。

（ほかの人が）やった！

Syabas!
シャバス

（自分が）やった！

Akhirnya, (berjaya juga)!
アヒルニャ　　　　ブルジャユ　　ジュグ

左はWell done.「よくやった」、右はFinally, (I did it)!「ようやくやった」と同意。

ありえない。／不可能だ。

Tidak mungkin./Mustahil.
ティダッ　　　ムン（グ）キン　　　ムスタヘル

しかたがない。

Apa boleh buat./Tak ada pilihan.
アプ　　ボレ　　ブワッ　　タッ　アドゥ　　ピレハン

> 「選択の余地は
> ない」が直訳。

がまんして。

Sabar.
サバル

いやです。／いりません。

Saya tidak mahu.
サユ　　ティダッ　　マフ

「したくない」「ほしくない」とはっきり断る表現です。しつこい物売りにNanti.［ナンテ
ィ］「あとで」などあいまいに断るのは禁物。要求、希望の詳細はP096。

Day1

Day2

Day3

Day4

Day5

Day6

Day7

項目別単語

08 感情を伝える

🔊 011

私は楽しい。

Saya seronok.
サユ　　スロノッ

このパーティーは楽しい。

Jamuan ini seronok.
ジャムアン　イニ　スロノッ

主語が「人」であればseronok、「物事や事項」であればmenyeronokkan［ムニェロノッカン］が正式な表現ですが、後者も口語ではseronokがよく使われます（→P158）。

（興味深くて）おもしろい。

Menarik.
ムナリッ

（おかしくて）おもしろい。

Lucu. / Lawak.
ルチュ　　　ラワッ

（赤ん坊・子供・女の子・物が）かわいい。

Comel.
チョメル

（人・物が）美しい。／きれい。

Cantik.
チャンテッ

すばらしい。

Bagus.
バゴス

（人・体形・髪型が）かっこいい。／（人・物が）かっこいい。

Segak. / Bergaya.
セガッ　　　ブルガユ

疲れた。

Penat. / Letih.
プナッ　　　ルテ

飽きた。／うんざりした。

Bosan.

ボサン

Day1

おっくうだ。／気が進まない。

Malas.

マラス

Day2

めんどくさい!

Melecehkan!

ムレチェカン

Day3

あなたに任せる。

Terserah kepada awak.

トゥルスラ　　　クパドゥ　　　アワッ

kepada は口語ではよく省略されます。

Day4

とても残念。

Sayang sekali.

サヤン(グ)　　スカリ

sekali「とても」など程度を表す語は**P070**を参照して入れ替えてください。

Day5

(人・物事・状況が) 大変だ!

Susahlah!

スサラ

口語では**susah** に強調を表す接尾辞**-lah**〔ラ〕をよく付けます。接尾辞は**P050**参照。人の場合は「(問題があり)困っている」「(生活に)困っている」のどちらにも使います。

Day6

(人・物事・状況が) ひどい!

Teruklah!

トゥロッラ

口語では**teruk** に強調を表す接尾辞**-lah**〔ラ〕をよく付けます。

Day7

項目別単語

練習問題

1 次の文をマレー語にしてみましょう。

① こんにちは（16時ごろ）。

② ひさしぶり。

③ お先に失礼します。

④ お気をつけて。

⑤ また会いましょう。

⑥ （相手に質問する前に）すみません。

⑦ 承知しました。／了解です。

⑧ わかりました。

⑨ もちろんです。

⑩ 私は楽しいです。

解答

❶ Selamat petang. →P026
スラマッ　　プタン(グ)

❷ Sudah lama tak jumpa. →P029
スダ　　ラム　　タッ　　ジュンプ

❸ Minta diri dulu. →P030
ミントゥ　ディリ　ドゥル

❹ Hati-hati. →P030
ハティハティ

❺ Jumpa lagi. →P031
ジュンプ　ラギ

❻ Tumpang tanya. →P033
トゥンパン(グ)　タニュ

❼ Baiklah. / OKlah. →P034
バエッラ　　オケラ

❽ Saya faham. →P034
サユ　ファハム

❾ Sudah tentu. →P034
スダ　　トゥントゥ

❿ Saya seronok. →P036
サユ　スロノッ

練習問題

2 次の会話文をマレー語にしてみましょう。

① A：お元気ですか？

　B：元気です、ありがとう。

② A：ありがとう。

　B：どういたしまして。

③ A：ごめんなさい。

　B：大丈夫です。

解答

① A：**Apa khabar?** →P027
　　　アプ　　カバル

　B：**Khabar baik, terima kasih.**
　　カバル　バエッ　トゥリム　カセ

② A：**Terima kasih.** →P032
　　トゥリム　カセ

　B：**Sama-sama. / Tidak mengapa. / Tak apa.**
　　サムサム　　　ティダッ　ム(ン)ガプ　　タッ　アプ

③ A：**Maaf. / Minta maaf.** →P033
　　マアフ　　ミントゥ　マアフ

　B：**Tidak mengapa. / Tak apa.**
　　ティダッ　ム(ン)ガプ　　タッ　アプ

Hari ke-2 (Day 2)

マレー語の
しくみを知ろう

文字と発音、基本文法

マレー語の発音は難しくありませんが、一部、注意すべき発音があります。子音は似ている発音をまとめて違いを比較できるようにしました。基本文法では、数詞、人称代名詞などの必須単語や表現を覚えてから、基本文型、否定文、疑問文を理解し、さらに表現力を高める前置詞、助動詞、接続詞を学びます。

01 / 文字と発音 🔊 012

マレー語はアルファベット表記で、ほぼローマ字読みです。

大文字	小文字	発音		大文字	小文字	発音	
A	a	e	エー	N	n	en	エン
B	b	bi	ビー	O	o	o	オー
C	c	si	スィー	P	p	pi	ピー
D	d	di	ディー	Q	q	kiu	キュー
E	e	i	イー	R	r	ar	アール
F	f	ef	エフ	S	s	es	エス
G	g	ji	ジー	T	t	ti	ティー
H	h	ec	エイチ	U	u	yu	ユー
I	i	ai	アイ	V	v	vi	ヴィー
J	j	je	ジェー	W	w	dabliu	ダブリュー
K	k	ke	ケー	X	x	eks	エクス
L	l	el	エル	Y	y	wai	ワイ
M	m	em	エム	Z	z	zet	ゼッ

日常生活では略語が多く使われます。次の略語を読んでみましょう。

KL (= Kuala Lumpur)　　クアラルンプール
ケーエル　　クワル　　ルンポル

AS (= Amerika Syarikat)　アメリカ合衆国
エーエス　　アメリカ　　シャリカッ

02／母音

❶ 単母音　🔊 013

　マレー語の単母音は **a, i, u, é, e, o** の6つです。**e** には **é**［エ］と **e**［あいまいなウ］の2種類ありますが、規則性はなく、単語を1つずつ覚えるしかありません。通常は区別して表記しませんが、次の表のみ **é**［エ］と表記しました。**e**［あいまいなウ］は「エ」の口の形で「ウ」と弱く発音します。**u** は日本語の「ウ」よりも唇を丸めて突き出します。**a, i, é, o** は日本語とほぼ同じ発音です。

a ア	**atas** アタス	上	**badan** バダン	身体
i イ	**isi** イスィ	中身 内容	**gigi** ギギ	歯
u ウ	**usia** ウスィヤ	年齢	**susu** スス	ミルク
é エ	**ésok** エソッ	明日	**bébas** ベバス	自由な
e あいまいなウ	**emas** ウマス	黄金	**segera** スグル	すぐに
o オ	**olahraga** オララガ	陸上競技	**kotor** コトル	汚い

注）**u**［ウ］と **e**［あいまいなウ］はカタカナ表記は同じですが、発音は明確に違うので、別の単語にならないように区別して発音しましょう。

u ウ	**pusat** プサッ	中心	**muntah** ムンタ	吐く
e あいまいなウ	**pesat** プサッ	急速な	**mentah** ムンタ	生の 未熟な

❷ 語末の母音 a 🔊 014

外来語などの例外を除き、上記の e「あいまいなウ」と同じ発音です。

語末の a ⇒あいまいなウ	nama ナム ×ナマ	名前	saya サユ ×サヤ	私

❸ 語末の音節（母音を中心とした音のまとまり）の 「i＋子音」と 「u＋子音」 🔊 015

外来語などの例外を除き、i は é「エ」、u は o「オ」と発音します。

語末の音節の i＋子音 ⇒é＋子音	bilik ビレッ ×ビリッ	部屋	putih プテ ×プティ	白
	baik バエッ ×バイッ	よい 元気な	duit ドゥエッ ×ドゥイッ	お金
語末の音節の u＋子音 ⇒o＋子音	tujuh トゥジョ ×トゥジュ	7	tidur ティドル ×ティドゥル	寝る

❹ 二重母音 🔊 016

二重母音は ai, au, oi の3つですが、oi の数は多くありません。二重母音は a-i, a-u, o-i と母音を1つずつ発音するのではなく、続けて発音します。原則として、子音で終わる音節には二重母音はありません。

ai アイ	pakai バカイ	着る 使う	bagaimana バガイマヌ	どのような
au アウ	hijau ヒジャウ	緑	saudara サウダル	兄弟
oi オイ	boikot ボイコッ	ボイコット	sepoi スポイ	そよそよ （吹く）

❺ 同じ母音の連続 🔊 017

同じ母音は続けて発音せずに、1つずつ区切って発音します。

a + a アア ×アー	**maaf** マアフ ×マーフ	ごめんなさい	**Jumaat** ジュマアッ ×ジュマーッ	金曜日

❻ 母音の連続 i + a, u + a 🔊 018

2つの母音が連続する場合、i + a の間には y、u + a の間には w を入れて発音します。

i + a ⇒ iya ×イア　イヤ	**hadiah** ハディヤ	プレゼント	**tarian** タリヤン	踊り
u + a ⇒ uwa ×ウア　ウワ	**tua** トゥワ	年老いた	**buah-buahan** ブワブワハン	果物

03 ／ 子音

似ている発音の子音は、まとめて覚えると正しく発音できます。

❶ l, r 🔊 019

共に「ラ行」の子音ですが、l は舌先を上の前歯の歯ぐきに当て、舌の両側から息を出します。r は舌先をどこにも触れさせずに巻き舌で発音します。発音をまちがえると別の単語になるので注意しましょう。

l ラ行	**lagu** ラグ	歌	**beli** ブリ	買う
r 巻き舌のラ行	**ragu** ラグ	疑う	**beri** ブリ	与える

❷ c, j 🔊 020

c は「チャ行」、j は「ジャ行」の子音です。

c チャ行	cinta チントゥ	愛 愛する	cucu チュチュ	孫
j ジャ行	janji ジャンジ	約束	jujur ジュジョル	正直な

❸ f, v, s, z, sy 🔊 021

f は「ファ行」、v は「ヴァ行」、z は「ザ行」、sy は「シャ行」の子音です。s は「サ行」の子音ですが、si は「シ」ではなく「スィ」と発音します。

f ファ行	fotostat フォトスタッ	コピー	lif リフ	エレベーター
v ヴァ行	visa ヴィサ	ビザ	universiti ユニヴァスィティ	大学
s サ行	sesat スサッ	道に迷う	silakan スィルカン	どうぞ
z ザ行	zaman ザマン	時代	izin イズィン	許可
sy シャ行	syarat シャラッ	条件	masyarakat マシャラカッ	社会

❹ w, y 🔊 022

w は「ワ行」、y は「ヤ行」の子音です。w は日本語の「ワ」よりも唇を丸めてください。

w ワ行	warna ワルヌ	色	awas アワス	危ない! 注意!
y ヤ行	kaya カユ	金持ちの	bahaya バハユ	危険な

Day1
Day2
Day3
Day4
Day5
Day6
Day7
項目別単語

❺ p, b 🔊 023

pは「パ行」、bは「バ行」の子音で、閉じている唇を開く時に一気に息を出します。語末のp, bはP049をご参照ください。

p バ行	panas パナス	暑い 熱い	sepupu スププ	いとこ
b バ行	baju バジュ	服	bubur ブボル	おかゆ

❻ t, d 🔊 024

tは「タ行」、dは「ダ行」の子音です。舌先を上の歯ぐきに押し当て、舌先を歯ぐきからはずすと同時に一気に息を出します。語末のt, dはP049をご参照ください。

t タ行	tutup トゥトッ(プ)	閉まる	isteri イストゥリ	妻
d ダ行	duduk ドゥドッ	座る	sedih スデ	悲しい

❼ k, g, kh 🔊 025

kは「カ行」、gは「ガ行」の子音で、khはkよりものどの奥から息を「ハッ」と強く吐く「カ行」と「ハ行」の中間音です。語末のk, gはP049をご参照ください。

k カ行	kiri キリ	左	kuku クク	爪
g ガ行	gigit ギゲッ	噛む	guru グル	先生 教師
kh 息を強く吐く カ行またはハ行	khas ハス	特別な 専用の	akhir アヘル	終わり

❽ m, n, ny 🔊 026

mは「マ行」、nは「ナ行」、nyは「ニャ行」の子音です。語末のm, nは**P049**をご参照ください。

m マ行	masuk マソッ	入る	nombor ノンボル	番号
n ナ行	nenek ネネッ	祖母	nanas ナナス	パイナップル
ny ニャ行	nyanyi ニャニ	歌う	banyak バニャッ	多い

❾ 語頭、語中、語末の h 🔊 027

語頭のhは、発音するものと音が弱くなったり発音されないものがあります。語中のhは、その前後が同じ母音の場合は発音しますが、異なる母音の場合は発音されないことがあります。語末のhは軽く息を吐きます。

語頭の h ハ行	hilang ヒラン(グ)	消失する 紛失する	habis ハベス／アベス	尽きる なくなる
語中の h ハ行	bahan バハン	材料 原料	pahit パヘッ／パエッ	苦い
語末の h 「ハー」と息を吐く	mudah ムダ	簡単な	bawah バワ	下

注) 次の単語は最後に息を吐きません。語末のhが付く単語との発音の違いに気を付けましょう。

（比較） 語末のhが ない場合	muda ムドゥ	若い	bawa バウ	持って行く 持って来る

❿ 語末の p, b, t, d, k, g 028

各子音の直前でその子音を発音する口の形で発音を止め、「アッ、イッ」のように発音します。語末の **p, b** は最後にしっかりと口を閉じます。

語末の **p, b** 口を閉じる	**tetap** トゥタッ(プ)	定まった	**nasib** ナセッ(ブ)	運命
語末の **t, d**	**dekat** ドゥカッ	近い	**abad** アバッ	世紀
語末の **k, g**	**kakak** カカッ	姉	**katalog** カタロッ(グ)	カタログ

⓫ 語末の m, n, ng、語中の ng 029

語末の **m** は口を閉じます。語末の **n** は舌先を上の歯ぐきに押し当て、鼻から息を抜きます。語末の **ng** は鼻音の「ン（グ）」です。語中の **ng** は鼻から息が抜ける鼻濁音の「（ン）ガ行」の子音で、**ng** は **n** を飲み込むように発音するため、**ban-gun, den-gan** ではなく **ba-ngun, de-ngan** と区切ります。

語末の **m** 口を閉じる	**masam** マサム	酸っぱい	**demam** ドゥマム	熱のある
語末の **n** ン	**masin** マセン	塩辛い	**kawan** カワン	友だち
語末の **ng** ン(グ)	**asing** アセン(グ)	外国の	**tenang** トゥナン(グ)	落ち着いた
語中の **ng** (ン)ガ行	**bangun** バ(ン)ゴン	起きる	**dengan** ドゥ(ン)ガン	～と共に

注）語中の子音の連続は、子音の間に母音が入らないように発音します。

waktu ワクトゥ	時間	**ahli** アフリ	専門家	**harga** ハルガ	値段

04 / 単語の構成 🔊 030

　語幹（元になる語）に接頭辞や接尾辞が付くと、語幹に関連する別の意味の単語になったり、様々な意味や機能を追加（→**P034, P052, P063**）します。

語幹	接頭辞 ber- ＋ 語幹	接頭辞 per- ＋ 語幹 ＋ 接尾辞 -an
jalan	**berjalan**	**perjalanan**
ジャラン	ブルジャラン	プルジャラナン
道	歩く	旅行

05 / 指示代名詞、場所の副詞 🔊 031

　人にも物にも使います。近いものは **ini**、遠いものは **itu** で表します。

ini イニ	これ、こちら	**itu** イトゥ	それ、そちら、あれ、あちら	
sini スィニ	ここ、こちら	**situ** スィトゥ	そこ、そちら	**sana** サヌ	あそこ、あちら

これはコーヒーです。
Ini kopi.
　イニ　　コピ

そちら／あちらは医師です。
Itu doktor.
　イトゥ　　ドクトゥ

あそこにあります。／あちらにいます。
Ada di sana.
　アドゥ　ディ　サヌ

あちらこちらにあります。／あちらこちらにいます。
Ada di sana sini.
　アドゥ　ディ　サヌ　スィニ

06 / 人称代名詞 🔊 032

○ 「私たち」には話し相手を含める **kita** と含めない **kami** があります。

○ 「あなた」は相手の性別などによって使い分けます。**Day 3** 以降の例文にある下線部「あなた」は場面に応じて入れ替えてください。

○ **encik, puan, cik** を名前の前に付けると「〜さん」になります。

○ **ladies and gentlemen** は **tuan-tuan dan puan-puan**「皆さま」です。

○ **anda** はアンケートや演説に用いますが、フォーマルで親しみに欠けるため、会話では **awak**（「あなた」と「君」の中間レベル）を用います。親しい人には **Ahmad**［アフマッ］など名前で呼ぶと親しみが増します。

○ 2人称複数は、**encik semua** など **semua** を後ろに付けますが、**semua** の代わりに **sekalian**［スカリヤン］も使います。

○ **dia** は性別を問いませんが、**Day 3** 以降は「彼」と表記しました。

人称	単数		複数	
1人称	私	**saya** サユ	私たち (話し相手を含める)	**kita** キトゥ
			私たち (話し相手を含めない)	**kami** カミ
2人称	あなた (男性)	**encik** ウンチェッ	あなた方 (男性)	**encik semua** ウンチェッ　スムワ
	あなた (既婚女性)	**puan** プワン	あなた方 (既婚女性)	**puan semua** プワン　スムワ
	あなた (未婚女性)	**cik** チェッ	あなたたち (未婚女性)	**cik semua** チェッ　スムワ
	あなた	**awak** アワッ	あなたたち	**awak semua** アワッ　スムワ
		anda アンダ	あなた方	**anda semua** アンダ　スムワ
3人称	彼、彼女	**dia** ディユ	彼ら、彼女ら	**mereka** ムレク

07 / 数詞 🔊 033

① 0〜9

kosong は物を数える時の数字、数学、計算、電話・部屋番号など何にでも使いますが、sifar は物を数える時の数字、数学、計算にのみ使います。enam［ウナム］「6」は口語では省略形の nam［ナム］がよく使われます。

② 10、100、1000、100万、10億、1兆

各単位の前に数字を入れます。1（satu［サトゥ］）のみ接頭辞 se-［ス］を用いますが、100万以上の大きい数には satu がよく使われます。

0	kosong / sifar コソン(グ)　スィファル			10	sepuluh スプロ
1	satu サトゥ	+ puluh プロ		20	dua puluh ドゥワ　プロ
2	dua ドゥワ			21	dua puluh satu ドゥワ　プロ　サトゥ
3	tiga ティグ			100	seratus スラトス
4	empat ウンパッ	百 ratus ラトス		110	seratus sepuluh スラトス　スプロ
5	lima リム			300	tiga ratus ティグ　ラトス
6	enam ウナム	千 ribu リブ		1000	seribu スリブ
7	tujuh トゥジョ	百万 juta ジュタ		100万	satu juta サトゥ　ジュタ
8	lapan ラパン	十億 bilion ビリオン		10億	satu bilion サトゥ　ビリオン
9	sembilan スンビラン	一兆 triliun トゥリリウン		1兆	satu triliun サトゥ　トゥリリウン

❸ 11〜19

「十一」「十二」の「十」に当たるのは **belas** で、その前に数字を置きますが、11のみ **satu**［サトゥ］の代わりに接頭辞 **se-**［ス］を付けます。

	11	**sebelas** スブラス
十〜 〜 belas	**12**	**dua belas** ドゥワ　　ブラス
	13	**tiga belas** ティグ　　ブラス

❹ 1000以上の大きな数字

英語と同様に **3** ケタごとに区切って読みます。**3** ケタごとの位取りには **jarak**［ジャラッ］「スペース」を入れます。

10 000 (1万)	**sepuluh ribu** スプロ　　リブ	10 000 000 (1千万)	**sepuluh juta** スプロ　　ジュタ
100 000 (10万)	**seratus ribu** スラトス　　リブ	100 000 000 (1億)	**seratus juta** スラトス　　ジュタ

❺ 小数、分数、倍数

小数点は **perpuluhan**［プルプロハン］ですが、口語では **titik**［ティテッ］とも言います。小数点以下は数字を **1** つずつ読みます。**setengah**「半（30分）」、**suku**「15分（1時間の1/4）」は時刻にも使います（→P068）。

0.32	**kosong perpuluhan** コソン(グ)　　プルプロハン **tiga dua** ティグ　　ドゥワ	半分	**setengah** ストゥ(ン)ガ
1/4	**suku** スク	2倍	**dua kali ganda** ドゥワ　カリ　ガンドゥ

08 / 序数 🔊034

「最初、1番目」は **pertama** ですが、2以上の序数は数字の前に接頭辞 **ke-** を付けます。

最初、1番目	**pertama** プルタム		
2番目	**kedua** クドゥワ	最後	**terakhir** トゥルアヘル

09 / 回数 🔊035

回数には **kali**［カリ］「回、度」を用いて、1のみ **satu**［サトゥ］の代わりに接頭辞 **se-**［ス］を付けます。

1回、1度	**sekali** スカリ	1回目、1度目	**kali pertama** カリ　プルタム
2回、2度	**dua kali** ドゥワ　カリ	2回目、2度目	**kali kedua** カリ　クドゥワ

10 / 通貨 🔊036

　マレーシアの通貨は **ringgit Malaysia**（RM）［リンギッ　マレイスィヤ］「マレーシアリンギット」（省略形は **ringgit**「リンギット」）です。通貨の表記は数字の前ですが、読む時は数字の後に読みます。米ドルは数字の前に $ と表記するか、シンガポールドルなどと区別するために数字の後に **USD** と書きます。

RM1 000	**seribu ringgit (Malaysia)** スリブ　リンギッ　マレイスィヤ
$2 000.00 / 2 000.00USD	**dua ribu dolar Amerika** ドゥワ　リブ　ドラル　アメリカ

11 ／ 助数詞 🔊 037

　「〜人」「〜個」などの助数詞は、**segelas air**「1杯の水」のように、**1**（satu）のみ接頭辞 **se-** を付けることもあります。**buah**［ブア］は「〜個、冊、台、軒」など様々な名詞に用いられ、**bungkus** には「テイクアウト」の意味もあります。**sate**「串焼き」1本は **secucuk**［スチュチョッ］または **satu cucuk**［サトゥ　チュチョッ］「1串」です。助数詞「〜人前」はないので、**nasi untuk 2 orang**［ナスィ　ウントッ　ドゥワ　オラン（グ）］「ご飯2人分」と言います。

Day1
Day2
Day3
Day4
Day5
Day6
Day7
項目別単語

orang オラン（グ）	人	**seorang lelaki** スオラン（グ）　ルラキ 1人の男性
helai フライ	枚	**dua helai kertas** ドゥワ　フライ　クルタス 2枚の紙
bungkus ブン（グ）コス	包み	**tiga bungkus nasi** ティグ　ブン（グ）コス　ナスィ 3包みのご飯
biji ビジ	個、粒	**empat biji durian** ウンパッ　ビジ　ドゥリヤン 4個のドリアン
pinggan ピンガン	皿	**lima pinggan sate** リム　ピンガン　サテ 5皿の串焼き
gelas グラス	杯（コップ）	**enam gelas air** ウナム　グラス　アエル 6杯の水
cawan チャワン	杯（カップ）	**tujuh cawan teh** トゥジョ　チャワン　テ 7杯の紅茶
botol ボトル	本（ビン）	**lapan botol bir** ラパン　ボトル　ビル 8本のビール

12 / 修飾語 🔊 038

数量を表す語以外は日本語と逆で、重要な単語である被修飾語（修飾される語）を先に置き、その後に修飾語が来ます。人称代名詞の所有格「〜の」は、三人称単数の **dia**［ディユ］「彼／彼女」のみ **dia** よりも接尾辞 **-nya** の方がよく使われます。

❶ 数量以外の修飾語の語順

被修飾語（修飾される語） ➕ 修飾語（➕修飾語）

日本人

この部屋

彼／彼女の自転車

私の電話番号

❷ 数量を表す語

　数詞や数量を表す語は名詞の前に置きます。ramai は banyak〔バニャッ〕
「多い」と同じ意味ですが、ramai は人にのみ使います。

2つの箱

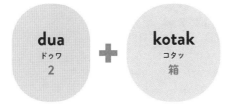

多くの人

いくつかのオートバイ

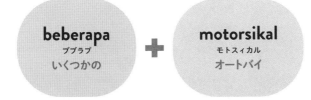

13 / 基本文型 (�))) 039

　基本文型は「主語 + 述語（名詞／形容詞／動詞）」で、英語の be 動詞「～です」に相当する語は不要です。述語が動詞の場合は後ろに目的語を置くこともあり、語順は英語と同じです。主語や目的語は明らかであれば省略できます。

主語 ➕ 述語（名詞／形容詞／動詞）.

❶ 主語 + 名詞
これは私の携帯電話です。

Ini
イニ
これ
主語

➕

telefon bimbit + saya.
テレフォン　　ビンベッ　　　サユ
携帯電話　　　　　　　私
名詞

❷ 主語 + 形容詞
彼／彼女の車は新しいです。

Kereta + dia / -nya
クレトゥ　　ディユ　　ニュ
彼／彼女の車
主語

➕

baharu.
バハル
新しい
形容詞

Day1

Day2

Day3

Day4

Day5

Day6

Day7

項目別単語

❸ 主語 + 動詞（+目的語）

目的語は動詞の後に置きます。

私は彼／彼女の携帯電話番号を知っています。

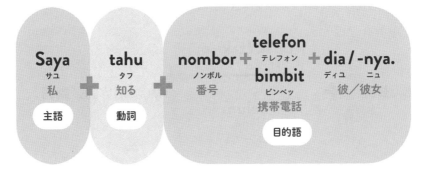

14 / 否定文

❶ 名詞の否定　◀)) 040

bukan［ブカン］を名詞の前に置きます。

主語 **＋** **bukan** ブカン 〜ではない **＋** 名詞.

私は中国人ではありません。

China［チヌ］「中国」、**orang China**「中国人」、**bahasa Cina**［バハス　チヌ］「中国語」、**orang Cina**［オラン（グ）　チヌ］「マレーシアの華人」と表記します。マレーシアのどこにでもある **nasi goreng Cina**［ナスィ　ゴレン（グ）　チヌ］「中華チャーハン」は有名です。

059

❷ 形容詞と動詞の否定 041

　今後、肯定の可能性の低いものは **tidak**［ティダッ］「～ない」、可能性の高いものは **belum**［ブロム］「まだ～ない」を各品詞の前に置きます。口語では **tidak** の代わりに **tak**［タッ］がよく使われます。

上段：このジュースは冷えていません（事実を述べる）。
下段：このジュースはまだ冷えていません（もっと冷やしたい）。

上段：彼らは来ません（欠席します）。
下段：彼らはまだ来ていません（遅れて来ます）。

❸ その他の否定 ⇒ 「あまり（形容詞）ない」

tidak berapa, tidak begitu が一般的に使われるのに対し、kurang は話者の不満が言外に含まれます。

主語 ＋ tidak berapa/begitu
ティダッ　ブラプ　ブギトゥ
あまり〜ない
kurang
クラン(グ)
いまひとつ〜ない ＋ 形容詞.

上段：この部屋はあまり涼しくありません（事実を述べる）。
下段：この部屋はあまり涼しくありません（涼しくしてほしい）。

Bilik ＋ ini
ビレッ　イニ
部屋　この

tidak berapa
ティダッ　ブラプ
あまり〜ない
kurang
クラン(グ)
いまひとつ〜ない

dingin.
ディ(ン)ゲン
涼しい

上段：彼／彼女はあまり親切ではありません（事実を述べる）。
下段：彼／彼女はあまり親切ではありません（不親切なので不満だ）。

Dia
ディユ
彼／彼女

tidak begitu
ティダッ　ブギトゥ
あまり〜ない
kurang
クラン(グ)
いまひとつ〜ない

ramah.
ラマ
親切な

❹ その他の否定⇒「全く／少しも（形容詞／動詞）ない」

🔊)) 043

主語 ＋ **tidak**
ティダッ
〜ない
＋ 形容詞
／動詞
＋ **sama sekali / langsung.**
サム　　スカリ　　ラン(グ)ソン(グ)
全く

sedikit pun.
スディケッ　ポン
少しも

このスープは全然辛くありません。

Sup＋ini ＋ **tidak** ＋ **pedas** ＋ **sama sekali.**
ソッ(プ)　イニ　　　ティダッ　　　プダス　　　　サム　　スカリ
スープ　この　　　〜ない　　　辛い（形容詞）　　全く

今日は全く暑くありません。

Hari ini ＋ **tidak** ＋ **panas** ＋ **langsung.**
ハリ　イニ　　　ティダッ　　　パナス　　　ラン(グ)ソン(グ)
今日　　　　　〜ない　　　暑い（形容詞）　　全く

私は少しもわかりません。

Saya ＋ **tidak** ＋ **faham** ＋ **sedikit pun.**
サユ　　　　ティダッ　　　ファハム　　　スディケッ　ポン
私　　　　　〜ない　　　わかる（動詞）　少しも

15 / 疑問文と答え方 ◀))044

❶ 疑問文の作り方

疑問詞のない疑問文は次の**3**種類で、文末には「？」を付けます。

①平叙文の文末を上げ調子に言います（口語）。

②平叙文の前に**adakah**［アダカ］「〜ですか？」を付けます。

③平叙文の後に接尾辞**-kah**［カ］または**ke**［ク］（口語）を付けます。

平叙文	**Dia orang Korea.** ディユ　オラン(グ)　コレア	彼／彼女は 韓国人です。
疑問文①	**Dia orang Korea?** ↗ ディユ　オラン(グ)　コレア	彼／彼女は 韓国人です か？
疑問文②	**Adakah dia orang Korea?** アダカ　ディユ　オラン(グ)　コレア	
疑問文③	**Dia orang Koreakah / Korea, ke?** ディユ　オラン(グ)　コレアカ　　コレア　　ク	

❷ 疑問文の答え方

次の肯定は、疑問文の述語が名詞、形容詞、動詞のいずれの場合の返答にも使います。否定の**Bukan.**は名詞の場合の返答、**Tidak.**は形容詞と動詞の場合の返答に使います。否定文（→**P059**）もご参照ください。

肯定	**Ya.** ユ	はい。	名詞 形容詞 動詞
	Ya, betul. / Ya, benar. ユ　ブトル　ユ　ブナル	はい、そうです。	
否定	**Bukan.** ブカン	違います。	名詞
	Tidak. ティダッ	いいえ。	形容詞 動詞

16 / 疑問詞 🔊 045

apa アブ	何	**Mahu minum apa?** マフ　ミノム　アブ 何を飲みたいですか？
siapa スィアブ	だれ	**Ini beg pakaian siapa?** イニ　ベッ（グ）　パカイヤン　スィアブ これはだれのスーツケースですか？
bila ビル	いつ	**Bila balik ke Jepun?** ビル　バレッ　ク　ジュポン いつ日本に帰りますか？
berapa ブラブ	いくら いくつ 何〜	**Berapa harga mangga ini?** ブラブ　　ハルグ　　マング　　イニ このマンゴーの値段はいくらですか？ **Nak berapa biji?** ナッ　ブラブ　ビジ 何個ほしいですか？
bagaimana バガイマヌ	どのように	**Bagaimana caranya?** バガイマヌ　　　チャルニュ どのような方法ですか？
yang mana ヤン（グ）　マヌ	どちら	**Suka yang mana?** スク　ヤン（グ）　マヌ どちらが好きですか？
di mana ディ　マヌ	どこで	**Makan di mana?** マカン　ディ　マヌ どこで食べますか？
kenapa クナブ mengapa ム（ン）ガブ	なぜ どうして	**Kenapa / Mengapa tidak ikut?** クナブ　　　　ム（ン）ガブ　　ティダッ　イコッ なぜ参加しないのですか？
→ kerana クラヌ	なぜなら	**Kerana ada urusan.** クラヌ　　アドゥ　ウルサン なぜなら用事があるからです。

17 ／ 年月日 🔊 046

次の〇には「日、週、月、年」、△には「週、月、年」、～には「数字」を入れます。日にちは日本語と逆で「日、月、年」の順番です。「来△」の depan は hadapan［ハダパン］でも可。曜日は P226、月は P227を参照。

Day1
Day2
Day3
Day4
Day5
Day6
Day7
項目別単語

日	**hari** ハリ	週	**minggu** ミング
月 ～か月	**bulan** ブラン	年	**tahun** タホン
今〇	〇 ini イニ	今日	hari ini ハリ イニ
昨日	semalam / kelmarin スマラム クルマレン	明日	esok / besok エソッ ベソッ
一昨日	2 hari lepas / lalu ドゥワ ハリ ルパス ラル	明後日	lusa ルス
先△ 昨△	△ lepas / lalu ルパス ラル	先週	minggu lepas / lalu ミング ルパス ラル
来△	△ depan ドゥパン	来週	minggu depan ミング ドゥパン
～〇前	～ 〇 lepas / lalu ルパス ラル	2日前	2 hari lepas / lalu ドゥワ ハリ ルパス ラル
～〇後	～ 〇 lagi ラギ	2日後	2 hari lagi ドゥワ ハリ ラギ
毎〇	setiap / tiap 〇 スティヤッ(プ) ティヤッ(プ)	毎日	setiap / tiap hari スティヤッ(プ) ティヤッ(プ) ハリ
～〇間	～ 〇	2日間	2 hari ドゥワ ハリ

semalam は「一晩、昨晩」という意味もあります。**kelmarin** は「昨日、一昨日、先日」など近い過去、**esok, besok** は **esok lusa**「明日か明後日」と共に「今度、あとで」など近い将来を指すこともあります。時間におおらかなマレーシアでは、臨機応変に対応しましょう。

Hari ke-2 (Day 2)

A 今日は何曜日ですか？

Hari ini hari apa?
ハリ　イニ　ハリ　アプ

B 今日は月曜日です。

Hari ini hari Isnin.
ハリ　イニ　ハリ　イスニン

A 来月は何月ですか？

Bulan depan bulan apa?
ブラン　ドゥパン　ブラン　アプ

Bulan berapa? と尋ねることもありますが、その場合の答えは **Bulan tiga.**〔ブラン　ティグ〕「**3月です**」。

B 来月は3月です。

Bulan depan bulan Mac.
ブラン　ドゥパン　ブラン　マッチ

A 今日は何日ですか？

Hari ini berapa hari bulan?
ハリ　イニ　ブラプ　ハリ　ブラン

日にちを尋ねる時は、**apa**「何」ではなく、**berapa**「いくつ」になることに注意しましょう。

B 2023年8月31日です。

31 hari bulan Ogos 2023.
ティグ　プロ　サトゥ　ハリ　ブラン　オゴス　ドゥワ　リブ　ドゥワ　プロ　ティグ

8月31日は **hari kebangsaan**〔ハリ　クバン（グ）サアン〕「**ナショナルデー**」です。マレーシアの前身であるマラヤ連邦が英国から独立した日で、各地で式典やパレードが盛大に行われます。

18 ／ 期間 🔊) 047

Day1
Day2
Day3
Day4
Day5
Day6
Day7
項目別単語

時間の長さを尋ねる疑問詞は **berapa**「いくつ、どのくらい」です。時間の長さを尋ねるには **jam** を用い、時刻に用いる **pukul** は使いません。

A どのくらいの期間（時間）ですか?

Berapa lama?
ブラプ　　　ラム

期間のフレーズは **P140**〜**P143** も参照してください。

B 半日です。

Setengah hari.
ストゥ(ン)ガ　　ハリ

約1週間です。

Kira-kira satu minggu.
キルキル　　　サトゥ　　ミング

A 何時間（／日間／週間／か月間／年間）ですか?

Berapa jam (/hari/minggu/bulan/tahun)?
ブラプ　ジャム　　ハリ　　ミング　　ブラン　　タホン

B 3時間（／日間／週間／か月間／年間）です。

Tiga jam (/hari/minggu/bulan/tahun).
ティグ　ジャム　　ハリ　　ミング　　ブラン　　タホン

5年間以上です。

Lima tahun lebih.
リム　　タホン　　ルベ

19 ／ 時刻 🔊 048

❶時刻は「**pukul**＋数字（1〜12）」で表し、**minit**「分」は省略できます。
suku「15分（4分の1）」と**setengah**「〜半」には**minit**は使いません。
10 minit lagi［スプロ　ミネッ　ラギ］「10分前」は「あと10分で」が直訳です。
24時間表記の数字は、14:00ではなく**14.00**と書きます。

今、何時ですか？

Sekarang pukul berapa?
スカラン(グ)　　　プコル　　　ブラプ

pukul プコル	〜時	**Pukul 2.** プコル　ドゥワ 2時です。
tepat トゥパッ **kira-kira** キルキル	ちょうど 〜頃	**Tepat / Kira-kira pukul 3.** トゥパッ　キルキル　プコル　ティグ 3時ちょうど／頃です。
lewat レワッ	〜過ぎ	**Pukul 4 (lewat) 15 (minit).** プコル　ウンパッ　レワッ　リム　プラス　ミネッ 4時15分(過ぎ)です。
suku スク	15分	**Pukul 4 suku.** プコル　ウンパッ　スク 4時15分です。
lagi ラギ	〜前	**10 minit lagi pukul 6.** スプロ　ミネッ　ラギ　プコル　ウナム 6時10分前です。
setengah ストゥ(ン)ガ	半	**Pukul 8 setengah.** プコル　ラパン　ストゥ(ン)ガ 8時半です。
30 minit ティグ　プロ　ミネッ	30分	**Pukul 8 30 (minit).** プコル　ラパン　ティグ　プロ　ミネッ 8時30分です。

注）単語の順番が違うと意味が変わるので、気を付けましょう。

何月ですか?
Bulan berapa?
ブラン　　　ブラブ

何か月ですか?
Berapa bulan?
ブラブ　　　ブラン

何年ですか?
Tahun berapa?
タホン　　　ブラブ

何年間ですか?
Berapa tahun?
ブラブ　　　タホン

Day1

Day2

Day3

Day4

Day5

Day6

Day7

項目別単語

❷ pukul 20.00を pukul dua puluh「20時」ではなく、**pukul lapan malam** [プコル　ラパン　マラム]「夜8時」と言うように、時刻の後には「朝、昼、夕、夜」を付ける言い方が一般的です。正午は「昼12時」、午前0時は「夜中12時」と言います。

pagi パギ	朝 （〜11時）	**pukul tujuh pagi** プコル　トゥジョ　パギ 午前7時
tengah hari トゥ(ン)ガ　ハリ	昼 （11〜13時）	**pukul dua belas tengah hari** プコル　ドゥワ　ブラス　トゥ(ン)ガ　ハリ 正午
petang プタン(グ)	夕 （13時〜日没）	**pukul empat petang** プコル　ウンパッ　プタン(グ) 午後4時
malam マラム	夜 （日没〜）	**pukul dua belas tengah** プコル　ドゥワ　ブラス　トゥ(ン)ガ **malam** マラム 午前0時

20 / 程度を表す副詞 🔊 049

　程度を表す副詞は、形容詞の前に位置するものと後に位置するものがあります。口語では sedikit, sikit は形容詞の後に位置することもあります。amat, sangat は形容詞の前後で意味が変わります。

agak（アガッ）／ sedikit / sikit（口語）（スディケッ スィケッ）		少し、やや
cukup（チュコッ(プ)）		十分に、かなり
amat / sangat（アマッ　サ(ン)ガッ）		とても
sungguh（スンゴ）	＋ 形容詞	本当に
terlalu / terlampau（トゥルラル　トゥルランパウ）		～すぎる
sangat-sangat（サ(ン)ガッサ(ン)ガッ）		超、すごく（口語）

	sedikit / sikit（口語）（スディケッ スィケッ）	少し、やや
	sekali（スカリ）	とても
形容詞 ＋	betul / benar / sungguh（ブトゥル ブナル スンゴ）	本当に
	amat / sangat（アマッ サ(ン)ガッ）	～すぎる
	gila（ギル）	超、すごく（口語）

070

agak kecil アガッ クチェル	少し小さい	**sedikit sempit** スディケッ スンペッ	少し狭い
susah sikit スサ スィケッ	ちょっと難しい	**cukup jauh** チュコッ(プ) ジャオ	かなり遠い
sangat kenyang サ(ン)ガッ クニャン(グ)	とても満腹の	**sungguh cantik** スンゴ チャンテッ	本当に美しい
terlalu besar トゥルラル ブサル	大きすぎる	**sedap betul** スダッ(プ) ブトル	本当においしい

21 ／ 比較 ◀))050

同等比較、比較級、最上級の表現を覚えましょう。

A＋sama＋形容詞＋dengan＋B. サム ドゥ(ン)ガン	AはBと同じくらい〜
A＋接頭辞se-＋形容詞＋B. ス	AはBと同じくらい〜
A＋lebih＋形容詞＋(daripada＋B). ルベ ダリパドゥ	Aは (Bより) もっと〜
A＋paling＋形容詞. パレン(グ)	Aは最も〜、一番〜
A＋接頭辞ter-＋形容詞. トゥル	Aは最も〜、一番〜

これはそれと同じくらい辛いです。

Ini sama pedas dengan itu.
イニ サム プダス ドゥ(ン)ガン イトゥ

これはそれと同じくらい辛いです。

Ini sepedas itu.
イニ スプダス イトゥ

私の年齢は彼／彼女の年齢と同じです。

Umur saya sama dengan umur dia.

ウモル　　サユ　　サム　　ドゥ(ン)ガン　　ウモル　　ディユ

sama「同じ」は形容詞だけでなく **umur**「年齢」など名詞にも使います。

この靴は（その靴より）もっと大きいです。

Kasut ini lebih besar (daripada kasut itu).

カソッ　　イニ　　ルベ　　ブサル　　　ダリパドゥ　　カソッ　　イトゥ

彼／彼女は一番熱心です。

Dia paling rajin.

ディユ　　パレン(グ)　　ラジェン

この花は世界で一番大きいです。

Bunga ini terbesar di dunia.

ブ(ン)グ　　イニ　　トゥルブサル　　ディ　　ドゥニヤ

22 ／ 接続詞　🔊 051

　左側は語と語、句と句、文と文を対等につなぐ等位接続詞、右側は主節（メインの文）の補足説明をする従属節に用いる従属接続詞です。従属接続詞の位置は文頭でも文中でも構いません。

dan ダン	〜と〜 そして	waktu / ketika ワクトゥ　　クティク	〜する時
tetapi / tapi（口語） トゥタビ　　タビ	だが しかし	selepas / setelah スルパス　　ストゥラ	〜した後
atau アタウ	または あるいは	sebelum スブロム	〜する前

その部屋は安くて清潔です。

Bilik itu murah dan bersih.
ビレッ　　イトゥ　　　ムラ　　　　ダン　　　ブルセ

彼／彼女は頭がよいが、怠け者です。

Dia pandai tetapi pemalas.
ディユ　　　パンダイ　　　トゥタピ　　　　プマラス

これはジュースですか、それともお酒ですか?

Ini jus atau minuman keras?
イニ　　ジュス　　アタウ　　　　ミノマン　　　　クラス

minuman keras「酒」はarak［アラッ］とも言います。

東京に来る時は、私に知らせてください。

Waktu datang ke Tokyo, sila beritahu saya.
ワクトゥ　　　ダタン(グ)　　ク　　トウキョウ　　スィル　　ブリタフ　　　サユ

帰省する時、私はいつも列車を使います。

Saya selalu memakai kereta api ketika
サユ　　　スラル　　　ムマカイ　　　クレトゥ　　アピ　　クティク

pulang ke kampung.
プラン(グ)　　ク　　　カンポン(グ)

勉強が終わった後、私は彼／彼女に電話します。

Saya menelefon dia selepas selesai belajar.
サユ　　　ムネレフォン　　　ディヤ　　スルパス　　　スルサイ　　　ブラジャル

寝る前に、私はテレビを見ます。

Sebelum tidur, saya menonton televisyen.
スブロム　　ティドル　　　サユ　　　ムノントン　　　テレヴィシュン

Day1
Day2
Day3
Day4
Day5
Day6
Day7
項目別単語

23 ／ 完了、継続の助動詞 🔊 052

助動詞は動詞と一部の形容詞の前に置きます。**sudah** は完了を表し、時制にかかわらず過去、現在、未来に使われます。**sudah, belum, masih** の疑問文には **ya, tidak** ではなく、**sudah, belum, masih** で答えましょう。

完了	**sudah** ＋動詞／形容詞 スダ	もう／すでに〜した
未完了	**belum** ＋動詞／形容詞 ブロム	まだ〜ない
継続	**masih** ＋動詞／形容詞 マセ	まだ〜している

A もう食事をしましたか?

Sudah makan?
スダ　　マカン

B もうしました。／まだです。

Sudah. ／ **Belum.**
スダ　　　　　ブロム

彼／彼女はもう帰りました。

Dia sudah balik.
ディユ　スダ　　バレッ

私はまだ水浴びをしていません。

Saya belum mandi.
サユ　ブロム　マンディ

彼らはまだ寝ています。

Mereka masih tidur.
ムレク　　マセ　　ティドル

24 / 未来、可能などの助動詞 053

未来	**akan** アカン	〜する 予定だ	**Mereka akan berkahwin.** ムレク　　　アカン　　　ブルカウェン 彼らは結婚する予定です。
希望	**mahu /** マフ **nak** (口語) ナッ	〜したい	**Dia mahu / nak bersembang.** ディユ　マフ　　ナッ　　ブルセンバン(グ) 彼／彼女はおしゃべりしたいです。
嗜好 習慣	**suka** スク	〜が好き よく〜する	**Kami suka melancong.** カミ　スク　　ムランチョン(グ) 私たちは旅行するのが好きです。
完了 結果	**baru** バル	〜した ばかり	**Saya baru selesai makan.** サユ　　バル　　スルサイ　　マカン 私は食事を終えたばかりです。
現在 進行	**sedang** スダン(グ)	〜している 最中	**Kami sedang bekerja.** カミ　スダン(グ)　ブクルジュ 私たちは仕事中です。
可能	**boleh** ボレ	〜できる	**Saya boleh berenang.** サユ　ボレ　　ブルナン(グ) 私は泳ぐことができます。
許可	**boleh** ボレ	〜しても よい	**Awak boleh masuk.** アワッ　ボレ　　マソッ あなたは入ってもよいです。
必要	**perlu** ブルル	〜する必要 がある	**Dia perlu bersenam.** ディユ　ブルル　　ブルスナム 彼／彼女は運動する必要があります。
義務	**harus** ハロス	〜しなけれ ばならない	**Kita harus menunggu.** キタ　ハロス　　ムヌング 私たちは待たなければなりません。
経験	**pernah** ブルナ	〜したこと がある	**Saya pernah (pergi) ke Ipoh.** サユ　ブルナ　ブルギ　ク　イポ 私はイポーに行ったことがあります。

Day1
Day2
Day3
Day4
Day5
Day6
Day7
項目別単語

25 / 前置詞 🔊 054

　方向を示す前置詞 **di, ke, dari** があれば、**ada**「ある、いる」、**pergi**「行く」、**datang**「来る」などの動詞は省略できます。また、**cinta**「愛する」（→P077）、**beritahu**「知らせる、伝える」（→P165）など一部の動詞は、口語では **kepada** がよく省略されます。（　）は対応する英語です。

di ディ	〜に 〜で (in, at)	**Saya (ada) di Kuala Lumpur.** サユ　アドゥ　ディ　クワル　　ルンポル 私はクアラルンプールにいます。 **Buku (ada) di atas meja.** ブク　アドゥ　ディ　アタス　メジュ 本は机の上にあります。
ke ク	〜へ 〜に (to)	**Saya (pergi) ke Melaka.** サユ　ブルギ　ク　　ムラカ 私はマラッカへ行きます。 **Dia tidak (pergi) ke mana-mana.** ディユ　ティダッ　ブルギ　ク　マヌマヌ 彼／彼女はどこにも行きません。
dari ダリ	（場所、時間） から (from)	**Saya (datang) dari Jepun.** サユ　ダタン(グ)　ダリ　ジュポン 私は日本から来ました。
daripada ダリパドゥ	（人、原料） から (from)	**Bungkusan ini daripada emak.** ブン(グ)クサン　イニ　ダリパドゥ　ウマッ この小包は母からです。
untuk ウントッ	〜のために (for)	**Ini buah tangan untuk awak.** イニ　ブワ　タ(ン)ガン　ウントッ　アワッ これはあなたへのおみやげです。 **Saya membeli baju untuk majlis.** サユ　ムンブリ　バジュ　ウントッ　マジレス 私はパーティー用に服を買います。

bagi
バギ

〜にとって
(for)

Itu sangat penting bagi saya.
イトゥ　サ(ン)ガッ　ブンティン(グ)　バギ　サユ
それは私にとってとても重要です。

Masakan ini tidak pedas bagi dia.
マサカン　イニ　ティダッ　プダス　バギ　ディユ
彼／彼女にとってこの料理は辛くありません。

---

dengan
ドゥ(ン)ガン

〜に
〜と共に
〜を用いて
(with, by)

Kami berjumpa dengan kawan.
カミ　ブルジュンプ　ドゥ(ン)ガン　カワン
私たちは友だちに会います。

Kita bertolak dengan kereta.
キトゥ　ブルトラッ　ドゥ(ン)ガン　クレトゥ
私たちは車で出発します。

Mereka bekerja dengan rajin.
ムレク　ブクルジュ　ドゥ(ン)ガン　ラジェン
彼らは熱心に働きます。

---

kepada
クパドゥ

(人)に
(to)

Dia menghantar e-mel kepada pelanggan.
ディユ　ム(ン)ハンタル　イメル　クパドゥ
　　　　　　　　　　　　　　プランガン
彼／彼女はお客様（顧客）にメールを送ります。

Saya cinta (kepada) dia.
サユ　チントゥ　クパドゥ　ディユ
私は彼／彼女を愛しています。

---

pada
パドゥ

(時間、物、
人)に
(at, on, in)

Bapa balik pada malam hari.
バプ　バレッ　パドゥ　マラム　ハリ
父は夜に帰ります。

---

selama
スラム

〜の間
(during)

Tetamu itu menginap di sini selama tiga hari.
トゥタム　イトゥ　ム(ン)ギナッ(プ)　ディ　スィニ
　　　　　　　　　　　　　　　スラム　ティグ　ハリ
そのお客様（来訪者）はここに3日間宿泊します。

練習問題

1 次の文をマレー語にしてみましょう。
「あなた」は awak を使ってください。

① 彼／彼女の車は新しいです。

② これは私のかばんではありません。

③ この荷物はあまり重くありません。

④ その部屋は安くて清潔です。

⑤ これはジュースですか、それともお酒ですか？

⑥ 私は日本から来ました。

⑦ これはあなたへのおみやげです。

⑧ 彼らは友だちに会います。

⑨ 私たち（相手を含まない）はここに5日間宿泊します。

⑩ 私の携帯電話番号は090-8765-4321です。

1 **Kereta dia baharu. / Keretanya baharu.** →P058
クレトゥ ディユ バハル クレトゥニュ バハル

2 **Ini bukan beg saya.** →P058, P059, P224
イニ ブカン ベッ(グ) サユ

3 **Barang ini tidak berapa / begitu berat.**
バラン(グ) イニ ティダッ ブラプ ブギトゥ ブラッ
→P061, P084, P234

4 **Bilik itu murah dan bersih.** →P073
ビレッ イトゥ ムラ ダン ブルセ

5 **Ini jus atau minuman keras?** →P073
イニ ジュス アタウ ミノマン クラス

6 **Saya (datang) dari Jepun.** →P076
サユ ダタン(グ) ダリ ジュポン

7 **Ini buah tangan untuk awak.** →P076
イニ ブワ タ(ン)ガン ウントッ アワッ

8 **Mereka berjumpa dengan kawan.** →P077
ムレク ブルジュンプ ドゥ(ン)ガン カワン

9 **Kami menginap di sini selama lima hari.** →P077
カミ ム(ン)ギナッ(ブ) ディ スィニ スラム リム ハリ

10 **Nombor telefon bimbit saya 090-8765-4321.**
ノンボル テレフォン ビンベッ サユ コソン(グ) スンビラン コソン(グ)
ラパン トゥジョ ウナム リム
→P059, P052
ウンパッ ティグ ドゥワ サトゥ

練習問題

2 次の会話文をマレー語にしてみましょう。
疑問文には adakah を使ってください。

❶ A：彼／彼女は中国人ですか?

B：違います。彼／彼女は中国人ではありません。

❷ A：これはそれと同じくらい辛いですか?

B：いいえ。それはもっと辛いです。

❸ A：私たち（話し相手を含む）は車で出発しますか?

B：はい、そうです。

解答

❶ A：**Adakah dia orang China?** →P059, P063
アダカ　　ディユ　オラン(グ)　　チヌ

B：**Bukan. Dia bukan orang China.**
ブカン　　ディユ　ブカン　オラン(グ)　　チヌ

❷ A：**Adakah ini sama pedas dengan itu?**
アダカ　　イニ　サム　　プダス　ドゥ(ン)ガン　イトゥ

B：**Tidak. Itu lebih pedas.** →P063, P071
ティダッ　イトゥ　ルベ　　プダス

❸ A：**Adakah kita bertolak dengan kereta?**
アダカ　　キトゥ　ブルトラッ　ドゥ(ン)ガン　クレトゥ

B：**Ya, betul. / Ya, benar.** →P063, P077
ユ　ブトル　　ユ　ブナル

Hari ke-3 (Day 3)

自分のことが
言えるようになろう

「私」を主語にして話す

「私」を主語にした様々な表現を学び、自分のことを相手に伝えます。名前、国籍、職業などの自己紹介、家族・友人の紹介、自分の持ち物について説明しましょう。また、完了、好み、希望、経験、可能などの助動詞を用いて、家族、行動、嗜好、習慣、要望、経験、能力についても話してみましょう。

01 名詞と否定 🔊 055

基本フレーズ

私は～です。
Saya + 名詞 **.**
サユ

私は～ではありません。
Saya bukan + 名詞 **.**
サユ　　ブカン

名詞に名前、国名（→P207）、職業（→P208）を入れて自己紹介をします。主語は saya 以外の人称代名詞（→P051）に替えると応用でき、否定は主語の後に bukan「～ではない」を用います。saya「私」を awak「あなた、君」などに替えて文末を上げ調子に読めば疑問文になり、その場合の返答は、**Ya.**［ユ］「はい」、**Bukan.**「違います」（→P063）です。

はじめまして。　　　　　私は田中春奈です。
Selamat berkenalan. Saya Haruna Tanaka.
スラマッ　　　ブルクナラン　　　サユ　　　ハルナ　　　タナカ

saya「私」の代わりに nama saya［ナム　サユ］「私の名前」でも構いません。

私は日本人です。
Saya orang Jepun.
サユ　オラン(グ)　ジュポン

私は会社員です。
Saya pekerja syarikat.
サユ　　プクルジュ　　シャリカッ

> 「会社員」は kakitangan syarikat［カキタ(ン)ガン　シャリカッ］とも言います。「主婦」は suri rumah［スリ　ルマ］。職業は P208。

私は大学生ではありません。
Saya bukan mahasiswa.
サユ　　ブカン　　マハスィスワ

> 「大学生」は pelajar universiti［プラジャル　ユニヴァスィティ］とも言います。mahasiswi［マハスィスウィ］は「女子大生」。

ミニ会話

A あなたは韓国人ですか？

Awak orang Korea?
アワッ　オラン(グ)　コレヤ

Korea の正式名称は Korea Selatan［コレヤ　スラタン］ですが、北朝鮮と区別する必要がなければ Korea だけでも構いません。

B 違います。私は韓国人ではありません。

Bukan. Saya bukan orang Korea.
ブカン　　　サユ　　ブカン　オラン(グ)　コレヤ

応用フレーズ

こちらは〜です。 / そちらは〜ではありません。

Ini + 名詞 . / Itu bukan + 名詞 .
イニ　　　　　　　　　　イトゥ　　ブカン

---

saya「私」を ini［イニ］「これ、こちら」、itu［イトゥ］「それ、あれ、そちら、あちら」に入れ替えると、「これは（物）です」（→P084）、「こちらは（人）です」などに応用できます。

こちらは私の夫です。（彼の）名前はアフマッドです。

Ini suami saya. Namanya Ahmad.
イニ　スワミ　サユ　　ナムニュ　　アフマッ

家族は P209、所有格「彼の」は P056 を参照してください。

そちらは私の兄ではありません。そちらは私の父です。

Itu bukan abang saya. Itu bapa saya.
イトゥ　ブカン　アバン(グ)　サユ　　イトゥ　バプ　サユ

02 指示代名詞

> 基本フレーズ
>
> これは〜です。
>
> **Ini +** 名詞 **.**
> イニ
>
> それ(あれ)は〜ではありません。
>
> **Itu bukan +** 名詞 **.**
> イトゥ　　　ブカン

Ini / Itu + 人.「こちら／そちらは(人)です」は **P083** で紹介しましたが、ini「これ」、itu「それ、あれ」は「物」にも使います。物が複数でも表現は同じです。名詞の否定には **bukan** を用います(→**P059**)。

これは私の手荷物です。

Ini bagasi saya.
イニ　　バガスィ　　サユ

> 「スーツケース」は **beg pakaian** [ベッ(グ) バカイヤン]、「かばん」は **beg** [ベッ(グ)]。

それは彼の荷物ではありません。

Itu bukan barangnya.
イトゥ　　ブカン　　　バラン(グ)ニュ

> 所有格「彼の」は **P056**。

A これは砂糖ですか、それとも塩ですか?

Ini gula atau garam?
イニ　　グル　　アタウ　　ガラム

> 接続詞は **P072**。

B それは砂糖でも塩でもありません。　　　　それは砂です。

Itu bukan gula ataupun garam. Itu pasir.
イトゥ　　ブカン　　グル　　　アタウポン　　　ガラム　　イトゥ　パセル

gula-gula [グルグル] は「飴」。

これ／それ（あれ）は〜ですか？

Adakah ini / itu + 名詞 ?
アダカ　　イニ　　イトゥ

はい。 ／ 違います。

Ya. ／ Bukan.
ユ　　　　　　　ブカン

　平叙文の文末を上げ調子に読めば疑問文になりますが、**adakah** を文頭に付けると疑問文であることが明確になります。返答は **P063**も参照してください。

A それは学校ですか？

Adakah itu sekolah?
アダカ　　イトゥ　スコラ

B はい。それは学校です。

Ya. Itu sekolah.
ユ　イトゥ　スコラ

A あれも学校ですか？

Adakah itu juga sekolah?
アダカ　　イトゥ　ジュグ　スコラ

B はい。あれも学校です。

Ya. Itu juga sekolah.
ユ　イトゥ　ジュグ　スコラ

B 違います。あれは学校ではありません。あれは病院です。

Bukan. Itu bukan sekolah. Itu hospital.
ブカン　　イトゥ　ブカン　　スコラ　　イトゥ　ホスピタル

085

03 所有 🔊 057

┌─ 基本フレーズ ─┐

私は〜を持っています。／〜はあります。

Saya ada + 名詞 .
サユ　　アドゥ

　ここでは所有の **ada**「ある、持っている」を学びます。存在の **ada**「ある、いる」は **P154** を参照してください。

私は日本製の車を持っています。

Saya ada kereta buatan Jepun.
サユ　　アドゥ　　クレトゥ　　ブアタン　　ジュポン

私はパスポートと航空券を持っています。

Saya ada pasport dan tiket kapal terbang.
サユ　　アドゥ　　パスポッ　　ダン　ティケッ　カパル　トゥルバン(グ)

kapal terbang（直訳は「飛ぶ船」）と、**pesawat**［プサワッ］（「機械」という意味もある）は、共に「飛行機」のことです。

私はかばんを2つ持っています。

Saya ada dua beg.
サユ　　アドゥ　ドゥワ　ベッ(グ)

A 貴重品やこわれものはありますか?

Ada barang berharga atau barang mudah pecah?
アドゥ　バラン(グ)　ブルハルグ　アタウ　バラン(グ)　ムダ　プチャ

B はい、あります。／ ありません。

Ya, ada.　　Tidak ada. / Tak ada.
ユ　アドゥ　　　　ティダッ　アドゥ　　タッ　アドゥ

私は〜を持っていません。／〜はありません。
Saya tidak ada + 名詞 .
サユ　　ティダッ　　アドゥ

動詞の否定には、主語の後に否定語 tidak「〜ない」を用います。

私は健康に問題はありません。
Saya tidak ada masalah kesihatan.
サユ　　ティダッ　アドゥ　　マサラ　　　クスィハタン

私は買い物をする時間がありません。
Saya tidak ada masa untuk membeli-belah.
サユ　　ティダッ　アドゥ　マス　　ウントゥッ　　ムンブリブラ

A　私は（マレーシア）リンギット（のお金）を
持っていません。

> マレーシアの通貨。

Saya tidak ada duit / wang ringgit (Malaysia).
サユ　　ティダッ　アドゥ　ドゥエッ　ワン（グ）　リンギッ　マレイスィヤ

マレー系は duit、中華系はフォーマルな wang を使う傾向があります。

私はクレジットカードを持っています。いいですか?
Saya ada kad kredit.　　　Boleh?
サユ　　アドゥ　カッ　クレディッ　　　ボレ

B　申し訳ありませんが、クレジットカードは取り扱っておりません。
Maaf, kami tidak menerima kad kredit.
マアフ　　カミ　　ティダッ　　ムヌリム　　カッ　クレディッ

menerima は「受け取る、受け入れる」が直訳。

円もしくは米ドルをお持ちですか?

> Amerika Syarikat
> ［アメリカ　シャリカッ］
> の略語。

Ada duit yen atau duit dolar AS?
アドゥ　ドゥエッ　イェン　アタウ　ドゥエッ　ドラル　エーエス

⓪④ 完了(1) 🔊 058

┌─ 基本フレーズ ─────────────────┐

私はもう〜しました。／私は〜しています。

Saya sudah + 動詞 .
　　サユ　　　スダ

sudah は「〜しました（完了）、〜しています（完了した状態）」を表します。家族を重視するマレーシア人は、初対面の人にも家族についてよく尋ねます。まずは既婚者かどうかを聞いてから、家族や子供について尋ねます。

私は結婚しています。

Saya sudah berkahwin.
　　サユ　　　スダ　　　ブルカウェン

berkahwin は一般、menikah［ムニカ］、bernikah［ブルニカ］はイスラム教徒の結婚を指します。

私は子供が3人います。

Saya ada tiga orang anak.
　　サユ　　アドゥ　ティグ　オラン(グ)　アナッ

男(の子)2人と女(の子)1人です。

Dua lelaki, satu perempuan.
　　ドゥワ　ルラキ　サトゥ　プルンプワン

anak lelaki［アナッ　ルラキ］「男の子」、anak perempuan［アナッ　プルンプワン］「女の子」の anak「子供」は明確な場合は省略されます。lelaki の代わりに laki-laki［ラキラキ］も可。

私は大学生ではありません。　　私はもう働いています。

Saya bukan mahasiswa. Saya sudah bekerja.
　　サユ　　ブカン　　マハスィスワ　　　サユ　　　スダ　　　ブクルジュ

応用フレーズ

私はまだ〜していません。

Saya belum + 動詞 .
サユ　　　　ブロム

私はまだ〜です／まだ〜しています。

Saya masih + 名詞／動詞 .
サユ　　　　マセ

　Sudah 〜? 「〜しましたか?」の質問には、Sudah. 「しました」、Belum. 「まだです」と答えます。動作や状態の継続を表す masih 「まだ〜です／まだ〜しています」との違いに気をつけましょう。

私はまだ彼らと連絡を取ることができません。

Saya belum boleh menghubungi mereka.
サユ　　　ブロム　　　ボレ　　　ムン(グ)フブンギ　　　ムレク

私はまだ彼らからの連絡を待っています。

Saya masih menunggu khabar dari mereka.
サユ　　マセ　　　　ムヌング　　　　カバル　　　ダリ　　　ムレク

A あなたは所帯（家族）持ちですか?

Encik sudah berkeluarga?
ウンチェッ　　スダ　　　ブルクルワルグ

> berkahwin 「結婚している」と同じ意味です。

B 私はまだ結婚していません。　　私はまだ独身です。

Saya belum berkahwin. Saya masih bujang.
サユ　　ブロム　　　ブルカウェン　　　サユ　　マセ　　　ブジャン(グ)

A 私は結婚していますが、まだ子供はいません。

Saya sudah berkahwin tetapi belum ada anak.
サユ　　スダ　　　ブルカウェン　　　トゥタピ　　ブロム　　アドゥ　アナッ

05 完了(2)

059

┤ 基本フレーズ ├

私は〜したばかりです。

Saya baru + 動詞 .
サユ　　　バル

完了の **sudah** との違いは、**baru** は完了して間もない状態を表すことです。**baharu** ［バハル］と **baru** は共に「新しい」という意味ですが、口語や「〜したばかり」には **baru** がよく使われます。

私は水浴びをしたばかりです。

Saya baru mandi.
サユ　　　バル　　マンディ

マレーシアでは湯船には入らずに、水浴びやシャワーが一般的です。

私はマレー語の勉強を始めたばかりです。

Saya baru belajar bahasa Melayu.
サユ　　　バル　　　ブラジャル　　バハス　　ムラユ

私は35歳になったばかりです。

Saya baru menjadi 35 tahun.
サユ　　　　バル　　ムンジャディ　ティグ　プロ　リム　タホン

私は昨晩クアラルンプールに到着したばかりです。

Saya baru tiba / sampai di Kuala Lumpur
サユ　　　バル　　ティブ　　サンパイ　ディ　クワル　　ルンポル

semalam.
スマラム

semalam には「昨日、一晩」の意味もあるので、「昨晩」と明確に言うなら、**malam semalam** ［マラム　スマラム］または **malam tadi** ［マラム　タディ］。

応用フレーズ

私たち一家はペナン島に引っ越したばかりです。

Kami sekeluarga baru berpindah ke
カミ　　　　スクルワルグ　　　バル　　　　ブルピンダ　　　ク

Pulau Pinang.
プラウ　　　ビナン(グ)

ペナン島は世界遺産ジョージタウンやビーチで有名な観光地。

私の息子は起きたばかりです。

Anak lelaki saya baru bangun.
アナッ　　　ルラキ　　　サユ　　　バル　　　バ(ン)ゴン

彼は大学を卒業したばかりです。

Dia baru tamat pengajian.
ディユ　　　バル　　　タマッ　　　プ(ン)ガジャン

pengajian は「勉強、研究」で tamat pengajian は「大学を卒業する」。

彼は銀行で働き始めたばかりです。

Dia baru mula bekerja di bank.
ディユ　　　バル　　　ムル　　　ブクルジュ　　ディ　　バン(グ)

ジョホールバル行きの列車は出発したばかりです。

Kereta api ke Johor Bahru baru berlepas.
クレトゥ　　アビ　　ク　　ジョホル　　　バル　　　バル　　　ブルルパス

ジョホールバルはジョホール州の州都で、マレーシア第2の都市。シンガポールへはコーズウェイ橋を渡り陸路で国境越えが可能。

私はたった今、そのことを知りました。

Saya baru tahu hal itu.
サユ　　　バル　　　タフ　　　ハル　イトゥ

hal の代わりに tentang [トゥンタン (グ)]「〜について」もよく使います。
「私はたった今、それについて知りました」という意味になります。

06 現在進行
060

基本フレーズ

私は～しているところです。／私は～中です。

Saya sedang / tengah（口語）+ 動詞 .
サユ　　スダン(グ)　　トゥ(ン)ガ

sedang や tengah は動作の進行を表しますが、tengah は口語です。punya「持つ」、tahu「知る」など状態の動詞には使えません。

私は電話中です。　　　　　　　彼は外出中です。

Saya sedang bertelefon. Dia sedang keluar.
サユ　　スダン(グ)　ブルテレフォン　ディユ　スダン(グ)　クルワル

主語 saya「私」をほかの人称代名詞（→P051）に入れ替えると応用できます。

私は運転中です。

Saya sedang memandu kereta.
サユ　　スダン(グ)　ムマンドゥ　クレトゥ

私は市場で買い物をしているところです。

Saya tengah membeli-belah di pasar.
サユ　　トゥ(ン)ガ　　ムンブリブラ　　ディ　パサル

私は親友とおしゃべりしているところです。

Saya tengah bersembang dengan kawan karib /
サユ　　トゥ(ン)ガ　ブルセンバン(グ)　ドゥ(ン)ガン　カワン　カリッ(ブ)

kawan baik.
カワン　バイッ

bersembang のほかに berbual［ブルブアル］、bercakap［ブルチャカッ（プ）］「話す、しゃべる」でも可。

A もしもし。
シティさんと話せますか?／シティさんをお願いします。

Helo. Boleh bercakap dengan Puan Siti?
ヘロ　　　　ボレ　　　ブルチャカッ(ブ)　ドゥ(ン)ガン　　プワン　　スィティ

B 彼女は台所で料理しているところです。

Puan tengah memasak di dapur.
プワン　　トゥ(ン)ガ　　　ムマサッ　　ディ　　ダポル

Puan Siti「シティさん」が自分の妻や母なら、**dia**「彼女」ではなく、親しみを込めた既婚女性に対する敬称 **puan** を用います。

彼女は夕食の準備中です。

Puan tengah menyiapkan makan malam.
プワン　　トゥ(ン)ガ　　ムニヤッ(ブ)カン　　マカン　　マラム

私は彼女を手伝っているところです。

Saya sedang membantu puan.
サユ　　スダン(グ)　　ムンバントゥ　　　プワン

A 私はタクシーでそちらに向かっています。

Saya sedang (menuju) ke situ dengan teksi.
サユ　　スダン(グ)　　ムヌジュ　　ク　スィトゥ　ドゥ(ン)ガン　テクスィ

あと30分で到着します。

Tiga puluh minit lagi sampai.
ティグ　　プロ　　　ミネッ　　ラギ　サンパイ

B あなたのお越しをお待ちしています。

Kami menunggu kedatangan puan.
カミ　　ムヌング　　クダタ(ン)ガン　　プワン

07 好み、嗜好、習慣
061

基本フレーズ

私は〜が好きです。
私は〜するのが好きです。／よく〜します。

Saya suka + 名詞／動詞 .
サユ　　スク

suka の後には名詞や動詞を置きます。「〜するのが好き」は、口語では「よく〜する」という意味もあります。「好んでよく〜する」だけでなく、「好まなくてもよく〜する」時にも使います。

私はサッカーが好きです。

Saya suka bola sepak.
サユ　　スク　　ボラ　　セパッ

> マレーシアでは観戦が主で、熱狂的なサポーターも多い人気スポーツです。

私はコーヒー（を飲むの）が好きです。／コーヒーをよく飲みます。

Saya suka (minum) kopi.
サユ　　スク　　ミノム　　コピ

私は食べるのが好きです。／私はよく食べます。

Saya suka makan.
サユ　　スク　　マカン

私は音楽を聴くのが好きです。／私はよく音楽を聴きます。

Saya suka mendengar muzik.
サユ　　スク　　ムンドゥ（ン）ガル　　ムズィッ

私は勉強している時、よく居眠りします。

Saya suka terlelap semasa belajar.
サユ　　スク　　トゥルラッ（プ）　　スマス　　ブラジャル

私は〜が苦手です。
私は〜するのが好きではありません。

Saya tidak suka + 名詞／動詞 .
サユ　　　ティダッ　　スク

マレー語には benci ［ブンチ］「憎む」はありますが、「嫌い」という言葉はないので、「好きではありません」と否定形を用います。

私はココナツミルクが苦手です。

Saya tidak suka santan.
サユ　　　ティダッ　　スク　　　サンタン

私は辛すぎる食べ物は苦手です。

Saya tidak suka makanan yang terlalu pedas.
サユ　　　ティダッ　　スク　　　マカナン　　ヤン（グ）　トゥルラル　　プダス

A 食べ物は何が好きですか?

Suka makan apa?
スク　　　マカン　　アプ

> 直訳は「何を好んで食べますか?」

B 私は魚（を食べるの）が好きです。
／私は魚を好んで食べます。

Saya suka (makan) ikan.
サユ　　　スク　　　マカン　　イカン

> 明確であれば、動詞はしばしば省略されます。

私は肉（を食べるの）は好きではありません。
／私は肉を好んで食べません。

Saya tidak suka (makan) daging.
サユ　　　ティダッ　　スク　　　マカン　　ダゲン（グ）

08 要求、希望 🔊 062

> **基本フレーズ**
>
> 私は〜がほしいです。
> ## Saya mahu / nak（口語）+ 名詞 .
> サユ　　マフ　　ナッ
>
> 私は〜はいりません。
> 私は〜はほしくありません。
> ## Saya tidak mahu / tak nak（口語）+ 名詞 .
> サユ　ティダッ　マフ　　タッ　ナッ

　自分の必要、不要なものを名詞の位置に入れて相手に希望を伝えます。
nak, tak nak は口語です。

私はミネラルウォーターがほしいです。
Saya mahu air mineral.
サユ　　マフ　　アエル　　ミネラル

私はそれはいりません。／私はそれはほしくありません。
Saya tidak mahu itu.
サユ　ティダッ　マフ　イトゥ

私はこのチョコレートを5つほしいです。
Saya nak coklat ini lima.
サユ　　ナッ　チョクラッ　イニ　　リム

私はこれを全部ほしいです。もっと安くなりますか?
Saya nak ini semua. Boleh murah lagi?
サユ　ナッ　イニ　スムワ　ボレ　ムラ　ラギ

市場では値段交渉は一般的です。たくさん買うとまけてくれます。

応用フレーズ

私は〜したいです。

Saya mahu / nak (口語) + 動詞 .
　サユ　　　マフ　　　ナッ

動詞を伴う場合は口語では **nak** もよく使われます。否定は **tidak mahu / tak nak** (口語)「私は〜したくない」です。

A 私は空港に行きたいです。

Saya mahu (pergi) ke lapangan terbang.
　サユ　　　マフ　　　ブルギ　ク　　ラパ(ン)ガン　　トゥルバン(グ)

前置詞 **ke** があれば **pergi** は省略できます（→**P076**）。

私は遅刻したくないです。

Saya tak nak terlewat.
　サユ　　タッ　　ナッ　　トゥルレワッ

まず私は円をリンギットに両替したいのですが。

Saya nak menukar yen ke ringgit dulu.
　サユ　　ナッ　　ムヌカル　　イェン　ク　　リンギッ　　ドゥル

B いくら（両替）したいですか?

Mahu berapa?
　マフ　　　ブラプ

A 2万円です。

20.000 yen.
　ドゥワ　プロ　リブ　イェン

10リンギット札を交ぜてほしいです。

Saya nak dicampur dengan duit 10 ringgit.
　サユ　　ナッ　　ディチャンポル　　ドゥ(ン)ガン　　ドゥエッ　スプロ　　リンギッ

09 経験
063

基本フレーズ

私は〜したことがあります。

Saya (sudah) pernah + 動詞 .
サユ　　　　スダ　　　　　プルナ

経験を表す sudah pernah「〜したことがある」の sudah は省略できます。

私はイポーに行ったことがあります。

Saya sudah pernah (pergi) ke Ipoh.
サユ　　　スダ　　　プルナ　　　プルギ　　　ク　　　イポ

イポーはクアラルンプールから北へ200キロにあるペラ州の州都。中華系住民が7割を占め、点心や中華料理、鶏料理、カレーで有名な美食の街。

私はマレーシアに住んでいたことがあります。

Saya pernah tinggal di Malaysia.
サユ　　　プルナ　　ティンガル　ディ　　マレイスィヤ

私はペナン島でトライショー（人力三輪車）に乗ったことがあります。

Saya pernah naik beca di Pulau Pinang.
サユ　　　プルナ　　ナエッ　ベチャ　ディ　　ブラウ　　ピナン(グ)

トライショーは事前に行き先を告げて料金交渉をしてから乗車します。
世界遺産の街ペナン島ジョージタウンやマラッカで乗ることができます。

私はアンクルン音楽を聴いたことがあります。

Saya sudah pernah mendengar muzik
サユ　　　スダ　　　プルナ　　ムンドゥ(ン)ガル　　ムズィッ

angklung.
アン(グ)クロン(グ)

アンクルンは竹製打楽器。

私はまだ〜したことがありません。

Saya belum pernah + 動詞 .

サユ　　　　ブロム　　　　プルナ

私は〜したことがありません。

Saya tidak pernah + 動詞 .

サユ　　　　ティダッ　　　　プルナ

belum pernah は今後経験する可能性の高い未経験を表し、今後も経験する可能性がなければ tidak pernah を用います。疑問文は文末を上げ調子に読み、明確であれば主語の省略は可能です。返答は Sudah pernah.「あります」、Belum pernah.「まだありません」、Tidak pernah.「ありません」。

A ドリアンを食べたことがありますか?

Sudah pernah makan durian?

スダ　　　　プルナ　　　　マカン　　　　ドゥリヤン

> 独特の匂いがきついため機内やホテルへの持ち込みは禁止されています。

B （まだ）ありません。試して（食べて）みたいです。

Belum pernah. Saya mahu mencubanya.

ブロム　　　　プルナ　　　　サユ　　　マフ　　　ムンチュブニュ

A 伝統舞踊を観たことはありますか?

Pernah menonton tarian tradisional?

プルナ　　　　ムノントン　　　　タリヤン　　　トラディショナル

B あります。ジョゲット舞踊を観たことがあります。

Sudah pernah. Saya pernah menonton

スダ　　　　プルナ　　　　サユ　　　プルナ　　　ムノントン

tarian joget.

タリヤン　　　ジョゲッ

> マラッカで生まれ、ポルトガル伝来の軽やかなステップが特徴のフォークダンス。

10 可能、不可能 🔊 064

基本フレーズ

私は〜できます。

Saya boleh / dapat + 動詞 .
　サユ　　　ボレ　　　ダパッ

boleh「〜できる」は「可能」のほか P112で紹介する「許可」の意味もあります。dapat には「うまく〜を成し遂げる、首尾よく〜に成功する」という意味があります。

私は少しマレー語を話すことができます。

Saya boleh berbahasa Melayu sedikit.
　サユ　　　ボレ　　　ブルバハス　　　ムラユ　　　スディケッ

berbahasa「言語を話す」は bercakap bahasa［ブルチャカッ（プ）　バハス］とも言い、sedikit は口語では sikit［スィケッ］がよく使われます。

私は英語を流ちょうに話すことができます。

Saya boleh bercakap bahasa Inggeris
　サユ　　　ボレ　　　ブルチャカッ（プ）　　バハス　　　イングレス

dengan lancar.
　ドゥ（ン）ガン　　ランチャル

私は車を運転（することが）できます。

Saya boleh memandu kereta.
　サユ　　　ボレ　　　ムマンドゥ　　クレトゥ

私はマレーシアに留学（することが）できました。

Saya dapat belajar di Malaysia.
　サユ　　　ダパッ　　ブラジャル　ディ　マレイスィヤ

「私は首尾よくマレーシアで勉強することに成功しました」が直訳。

私は〜できません。

Saya tidak boleh / dapat + 動詞 .
サユ　　　ティダッ　　　ボレ　　　　ダパッ

私は全く〜できません。

Saya sama sekali / langsung
サユ　　　サム　　　スカリ　　　　ラン(グ)ソン(グ)

tidak boleh / dapat + 動詞 .
ティダッ　　　ボレ　　　ダパッ

　不可能の表現「〜できない」と「全く〜できない」です。sama sekali / langsung「全く」の位置は主語の後でも文末でも可。

私はメールを送付（することが）できません。

Saya tidak boleh menghantar e-mel.
サユ　　ティダッ　　　ボレ　　　ム(ン)ハンタル　　　イメル

私は全く眠ることができません。

Saya sama sekali tidak dapat tidur.
サユ　　　サム　　　スカリ　　　ティダッ　　　ダパッ　　　ティドル

私は全く中国語を話すことができません。

Saya tidak boleh berbahasa Cina sama sekali.
サユ　　ティダッ　　ボレ　　　ブルバハス　　　チヌ　　　サム　　　スカリ

私は全くWi-Fiに接続（することが）できません。

Saya langsung tidak boleh menyambung
サユ　　ラン(グ)ソン(グ)　　ティダッ　　ボレ　　　ムニャンボン(グ)

Wi-Fi.
ワイファイ

練習問題

1 次の文をマレー語にしてみましょう。

① こちらは私の友人です。名前は健太です。

② それは私の荷物ではありません。

③ 私はリンギットのお金を持っていません。

④ 私は結婚していますが、まだ子供はいません。

⑤ 私は昨晩ランカウイ島に到着したばかりです。

⑥ 私は店で買い物をしているところです。

⑦ 私はよくテレビを見ます。

⑧ 私はこれを全部ほしいです。もっと安くなりますか？

⑨ 私はジョホールバルに行ったことがあります。

⑩ 私はフランス語を流ちょうに話すことができます。

解答

❶ Ini kawan saya. Namanya Kenta. →P083, P209
イニ　カワン　サユ　ナムニュ　ケンタ

❷ Itu bukan barang saya. →P084
イトゥ　ブカン　バラン(グ)　サユ

❸ Saya tidak ada duit / wang ringgit. →P087
サユ　ティダッ　アドゥ　ドゥエッ　ワン(グ)　リンギッ

❹ Saya sudah berkahwin tetapi belum ada anak. →P089
サユ　スダ　ブルカウェン　トゥタピ　ブロム　アドゥ　アナッ

❺ Saya baru tiba / sampai di Pulau Langkawi semalam.
サユ　バル　ティブ　サンパイ　ディ　ブラウ　ラン(グ)カウィ　スマラム
→P090

❻ Saya sedang / tengah membeli-belah di kedai.
サユ　スダン(グ)　トゥ(ン)ガ　ムンブリブラ　ディ　クダイ
→P092, P212

❼ Saya suka menonton TV. →P094, P210
サユ　スク　ムノントン　ティーヴィー

❽ Saya mahu / nak ini semua. Boleh murah lagi? →P096
サユ　マフ　ナッ　イニ　スムワ　ボレ　ムラ　ラギ

❾ Saya (sudah) pernah (pergi) ke Johor Bahru. →P098
サユ　スダ　ブルナ　ブルギ　ク　ジョホル　バル

❿ Saya boleh bercakap bahasa Perancis dengan
サユ　ボレ　ブルチャカッ(ブ)　バハス　ブランチェス　ドゥ(ン)ガン
lancar. →P100, P207
ランチャル

練習問題

2 次の会話文をマレー語にしてみましょう。

① A：飲み物は何が好きですか?

B：私はコーヒーが好きです。

② A：もしもし、アフマッドさんをお願いします。

B：彼は外出中です。

③ A：トライショー（ベチャ）に乗ったことがありますか?

B：ありません。試して（乗って）みたいです。

解答

① A : Suka minum apa?　→P095, P094
スク　　ミノム　　アプ

B : Saya suka (minum) kopi.
サユ　　スク　　　ミノム　　　コピ

② A : Helo. Boleh bercakap dengan Encik Ahmad?
ヘロ　　ボレ　ブルチャカッ(プ)　ドゥ(ン)ガン　ウンチェッ　アフマッ

B : Dia sedang keluar.　→P093, P092
ディユ　スダン(グ)　クルワル

③ A : (Sudah) pernah naik beca?　→P098, P099
スダ　　　プルナ　ナエッ　ベチャ

B : Belum pernah. Saya mahu / nak mencubanya.
ブロム　　プルナ　　サユ　マフ　　ナッ　ムンチュブニュ

Hari ke-4 (Day 4)

自分の意思を
伝えよう

状況を伝えて依頼する

自分の意思を伝えて、さらに積極的に相手にア
プローチしてみましょう。まずは、自分の要望
を伝えて、相手に勧めたり、誘ったり、許可を求
めてみましょう。それから、自分の今後の予定、
必要不可欠なこと、決意や興味のあることなどを
具体的に伝えると、依頼する際にも説得力が増します。

01 要求、要望、依頼
065

基本フレーズ

~をください。
Minta + 名詞 .
ミントゥ

~をお願いします。
Mohon + 名詞 .
モホン

相手に物や情報などほしいもの（名詞）を要求する表現で、**mohon** はていねいな依頼です。

英語のメニューをください。

Minta menu bahasa Inggeris.
ミントゥ　　　メニュ　　　バハス　　　イングレス

チャーハンを2皿ください。

Minta nasi goreng dua pinggan.
ミントゥ　　ナスィ　　ゴレン(グ)　ドゥワ　ピンガン

> 助数詞は P055。

氷なしのオレンジジュースをください。

Minta jus oren tanpa air batu.
ミントゥ　ジュス　オレン　タンプ　アエル　バトゥ

> 「~入り」は **dengan**
> ［ドゥ（ン）ガン］。

電話番号とメールアドレスを（教えて）ください。

Minta nombor telefon dan alamat e-melnya.
ミントゥ　　　ノンボル　　テレフォン　　ダン　　アラマッ　　　イメルニュ

品物以外のほしいものにも使います。

ここにご署名をお願いします。

Mohon tandatangan di sini.
モホン　　　タンドゥタ(ン)ガン　ディ　スィニ

応用フレーズ

〜してください。

Tolong + 動詞 .

トロン(グ)

〜していただけますか?

Minta tolong / Mohon + 動詞 .

ミントゥ　　　　　トロン(グ)　　　　　モホン

相手にしてほしいこと（動詞）を伝える表現で、目的語を取る me- 動詞（→ P205, P236）は語幹（→ P050）を用います。minta tolong, mohon はていねいな依頼です。**Tolong!**「助けて！」と単独でも使われます。

A タクシーを呼んでください。

Tolong panggil teksi.

トロン(グ)　　　パンゲル　　　テクスィ

B 少々、お待ちいただけますか?

Mohon tunggu sebentar.

モホン　　　　　　トゥング　　　　スブンタル

A 承知しました。私の荷物を運んでください。

Baik. Minta tolong bawa barang saya.

バエッ　　　ミントゥ　　　トロン(グ)　　　バウ　　　バラン(グ)　　　サユ

この用紙に記入していただけますか?

Mohon isi borang ini.

モホン　　　イスィ　　　ボラン(グ)　　　イニ

すみません、ゆっくり話していただけますか?

Maaf, mohon bercakap perlahan-lahan.

マアフ　　　　モホン　　　ブルチャカッ(プ)　　　　ブルラハンラハン

02 勧める 🔊 066

┤ 基本フレーズ ├

どうぞ〜してください。

Jemput / Sila + 〔動詞〕.
　ジュンポッ　　スィル

jemput, sila は後ろに動詞を伴い「どうぞ〜してください」と相手に勧める表現で、飲食物を勧める時は**jemput**をよく用います。目的語を取る**me-**動詞（→P205, P236）は語幹（→P050）を用います。**Silakan.**〔スィルカン〕「どうぞ」と単独でも使われます。

どうぞお召し上がりください。

Jemput makan.
　ジュンポッ　　マカン

どうぞお飲みください。

Jemput minum.
　ジュンポッ　　ミノム

どうぞこちらにお座りください。

Sila duduk di sini.
　スィル　　ドゥドッ　ディ　スィニ

どうぞその服を試着してください。

Sila cuba baju itu.
　スィル　　チュブ　バジュ　イトゥ

cuba「試す」は、試食、試飲、試乗など試したいものに使います。

いつでも私に連絡してください。

Sila hubungi saya bila-bila sahaja.
　スィル　　フブ(ン)ギ　　サユ　　ビルビル　　サハジュ

どうぞ私の家にいらしてください。

Sila datang ke rumah saya.
スィル　　ダタン(グ)　　ク　　ルマ　　サユ

どうぞそちらの部屋にお入りください。

Jemput masuk ke bilik itu.
ジュンポッ　　マソッ　　ク　　ビレッ　イトゥ

どうぞご自分の家のようにしてください。

Sila buat seperti di rumah sendiri.
スィル　　ブワッ　　スプルティ　ディ　　ルマ　　スンディリ

どうぞ好きなだけお取りください。

Jemput ambil semahunya.
ジュンポッ　　アンベル　　スマフニュ

ambil「取る」は、makan［マカン］「食べる」、minum［ミノム］「飲む」などに入れ替え可能です。

ミニ会話

A　どうぞお召し上がりください。

Sila makan.
スィル　　マカン

B　とてもおいしいです。どなたが作ったのですか?

Sedap sekali.
スダッ(ブ)　　スカリ

Siapa yang membuatnya?
スィアパ　　ヤン(グ)　　ムンブワッニュ

A　私です。

Saya.
サユ

03 勧誘 🔊 067

基本フレーズ

～しましょう。

Mari (kita) + 動詞 .
マリ　　キトゥ

勧誘の表現 Mari kita ～. の kita は省略できます。

散歩をしましょう。

Mari kita berjalan-jalan.
マリ　　キトゥ　　ブルジャランジャラン

公園に行きましょう。

Mari (pergi) ke taman.
マリ　　ブルギ　ク　タマン

スーパーマーケットで買い物をしましょう。

Mari kita membeli-belah di pasar raya.
マリ　　キトゥ　　ムンブリブラ　　ディ　パサル　ラユ

一緒に食事をしましょう。

Mari makan bersama.
マリ　　マカン　　ブルサム

> sama-sama [サムサム] も
> 同じ意味。

ここでちょっと休憩しましょう。

Mari kita berehat sekejap di sini.
マリ　　キトゥ　　ブレハッ　　スクジャッ(プ)　ディ　スィニ

さあ、〜しよう。（口語）
Jom (kita) + 動詞 .
ジョム　　キトゥ

勧誘の気軽な表現で、**Jom kita 〜.** の **kita** は省略できます。

さあ、<mark>卓球</mark>をしよう。

Jom kita bermain pingpong.
ジョム　キトゥ　ブルマエン　ピン(グ)ポン(グ)

bermain には、英語の **play** と同様に「遊ぶ、（スポーツ、ゲームを）する、（楽器を）演奏する」などの意味があります。**bermain tenis**［ブルマエン　テニス］「テニスをする」、**bermain permainan**［ブルマエン　プルマエナン］「ゲームをする」、**bermain piano**［ブルマエン　ピアノ］「ピアノを弾く」も併せて覚えましょう。

さあ、<mark>マレーシア</mark>の<mark>歌</mark>を歌おう。

Jom menyanyi lagu Malaysia.
ジョム　　ムニャニ　　ラグ　　マレイスィヤ

Rasa Sayang［ラサ　サヤン（グ）］「いとしい気持ち」はマレーシアやインドネシアの代表的な童謡です。

さあ、<mark>映画</mark>を<mark>観に行こう</mark>。

Jom kita pergi menonton filem.
ジョム　キトゥ　プルギ　　ムノントン　　フィレム

「**pergi** ＋動詞」は「〜しに行く」で、ほかにも **pergi berenang**［プルギ　ブルナン（グ）］「泳ぎに行く」、**pergi memancing**［プルギ　ムマンチェン（グ）］「釣りに行く」などがあります。

さあ、<mark>コンピューターゲーム</mark>をしよう。

Jom bermain permainan komputer.
ジョム　　ブルマエン　　　プルマエナン　　コンプトゥル

◯4 許可、禁止 🔊 068

┫ 基本フレーズ ┣

～してもいいですか?

Boleh (saya) + 動詞 **?**
ボレ　　　サユ

いいです。 / だめです。

Boleh. / **Tidak boleh.**
ボレ　　　　　 ティダッ　　 ボレ

相手に許可を求める表現で、**saya** は省略できます。返答は、**Boleh.**「いいです」、**Silakan.**［スィルカン］「どうぞ」、**Tidak boleh.**「だめです」。

写真を撮ってもいいですか?

Boleh saya mengambil gambar?
ボレ　　 サユ　　 ム(ン)ガンベル　　　 ガンバル

この靴を試着してもいいですか?

Boleh mencuba kasut ini?
ボレ　　　 ムンチュブ　　　 カソッ　　イニ

ちょっとトイレに行ってもいいですか?

Boleh saya (pergi) ke tandas sekejap?
ボレ　　 サユ　　 プルギ　 ク　 タンダス　　 スクジャッ(ブ)

tandas「トイレ」は **bilik air**［ビレッ　アエル］「浴室兼トイレ」でも可。

あなたのお名前をおうかがいしてもいいですか?

Boleh tahu nama encik?
ボレ　 タフ　 ナム　　ウンチェッ

tahu は「知る」が直訳で、P132の **Siapa nama awak?** よりていねいです。

応用フレーズ

～してはいけません。

Tidak boleh + 動詞 .
ディダッ　　　　ボレ

～しないでください。

Jangan + 形容詞／動詞 .
ジャ（ン）ガン

Usah / Tak usah + 動詞 .
ウサ　　　タッ　　ウサ

禁止の表現で **Tidak boleh. / Jangan.** 「だめです」は単独でも使われます。

その部屋に入ってはいけません。

Tidak boleh masuk ke bilik itu.
ティダッ　　ボレ　　マソッ　ク　ビレッ　イトゥ

部屋には **bilik menunggu** ［ビレッ　ムヌング］「待合室」、**bilik sambut tetamu**
［ビレッ　サンボッ　トゥタム］「応接室」、**bilik tidur** ［ビレッ ティドル］「寝室」、
bilik mandi ［ビレッ　マンディ］「バスルーム」などがあります。

遠慮しないでください。

Jangan malu-malu / segan-segan.
ジャ（ン）ガン　　マルマル　　　　　スガンスガン

> 元の意味は **malu-malu**「恥ずかしがる」、**segan-segan**「ためらう」。

大声で話してはいけません。

Usah bercakap dengan suara kuat.
ウサ　　ブルチャカッ（プ）　ドゥ（ン）ガン　スワル　クワッ

傘を持って行くのを忘れないでください。

Tak usah lupa membawa payung.
タッ　ウサ　ルプ　　ムンバウ　　　パヨン（グ）

113

05 未来、意思 🔊 069

基本フレーズ

私は〜するつもりです。／〜する予定です。

Saya akan + 動詞 .
　　サユ　　　アカン

未来を表す助動詞 **akan** は動詞の前に置きます。

私はティオマン島で休暇を過ごす予定です。

Saya akan bercuti di Pulau Tioman.
　サユ　　アカン　ブルチュティ　ディ　　プラウ　　ティオマン

私はクアラルンプールに出張する予定です。

Saya akan membuat kerja luar ke KL.
　サユ　　アカン　　ムンブアッ　　クルジュ　ルワル　ク　ケーエル

私はシンガポールに立ち寄るつもりです。

Saya akan singgah di Singapura.
　サユ　　アカン　　スィンガ　　ディ　スィ(ン)ガプル

まもなく私は買い物に行くつもりです。

Sekejap lagi saya akan pergi membeli-belah.
スクジャッ(プ)　ラギ　サユ　　アカン　　プルギ　　　ムンブリブラ

私は友人の家を訪問する予定です。

Saya akan berkunjung ke rumah kawan.
　サユ　　アカン　　ブルクンジョン(グ)　ク　　ルマ　　カワン

次回、私はあなたにおごります。

Saya akan belanja awak lain kali.
　サユ　　アカン　　ブランジュ　アワッ　ラエン　カリ

> 今おごるなら、Saya yang belanja awak.

114

A 明日の朝6時に私はホテルを出発します。

Esok saya akan **bertolak** dari hotel pada
エソッ　サユ　アカン　ブルトラッ　ダリ　ホテル　パドゥ

pukul 6 pagi.
プコル　ウナム　パギ

明日、モーニングコールをお願いします。

Minta *wake-up call* **esok.**
ミントゥ　ウエイクアッ(プ)　コール　エソッ

> マレー語に英語の単語を混在させる場合は、英語を斜体にします。

B 明日、あなたは何時に起きる予定ですか?

Esok encik akan **bangun** pada **pukul berapa?**
エソッ　ウンチェッ　アカン　バ(ン)ゴン　パドゥ　プコル　ブラブ

A 朝5時です。

Pada pukul 5 pagi.
パドゥ　プコル　リム　パギ

B あなたは朝食を食べますか?

Encik akan **sarapan?**
ウンチェッ　アカン　サラパン

> **makan pagi**［マカン　パギ］とも言います。

A 私は朝食を食べる時間がありません。

Saya tidak sempat sarapan.
サユ　ティダッ　スンパッ　サラパン

B 承知しました。私たちはあなたのためにお弁当を用意します。

Baik. Kami akan menyediakan bekal untuk
バエッ　カミ　アカン　ムニェディアカン　ブカル　ウントッ

encik.
ウンチェッ

A ご理解ありがとうございます。

Terima kasih kerana memahami.
トゥリム　カセ　クラヌ　ムマハミ

> 「理解する」という動詞で、語幹は**faham**［ファハム］。

Day1 Day2 Day3 **Day4** Day5 Day6 Day7 項目別単語

115

06 必要、不要 🔊 070

基本フレーズ

私は〜が必要です。

Saya perlu + 名詞 .
サユ　　　プルル

私は〜は必要ありません。

Saya tak perlu + 名詞 .
サユ　　タッ　　プルル

必要、不要なもの（名詞）を伝えましょう。mengenai［ム（ン）グナイ］＋名詞「〜に関して」、untuk［ウントッ］＋動詞「〜のために」で理由を追加できます。saya以外の主語に変更すると応用できます（→P051）。

私はあなたの助けが必要です。

Saya perlu bantuan encik.
サユ　　　プルル　　バントゥワン　　ウンチェッ

私はその件に関する最新情報が必要です。

Saya perlu informasi terbaharu mengenai hal itu.
サユ　　プルル　インフォルマスィ　　トゥルバハル　　ム（ン）グナイ　　ハル　イトゥ

私は旅行するために時間と費用が必要です。

Saya perlu waktu dan biaya untuk melancong.
サユ　　プルル　ワクトゥ　ダン　ビヤヤ　ウントッ　ムランチョン（グ）

あなたは支払いのための現金は必要ありません。

Puan tak perlu wang tunai untuk membayar.
プワン　　タッ　プルル　ワン（グ）　トゥナイ　ウントッ　ムンバヤル

116

～する必要があります。

主語 ＋ perlu ＋ 動詞 .
プルル

～する必要はありません。

主語 ＋ tak payah / perlu ＋ 動詞 .
タッ パヤ プルル

名詞だけでなく動詞にも使います。**payah** = **susah**［スサ］「大変な」で「大変なことはしなくてよい」つまり「～する必要はない」という意味です。

私はあなたと相談する必要があります。

Saya perlu berbincang dengan encik.
サユ　　プルル　　ブルビンチャン（グ）　ドゥ（ン）ガン　　ウンチェッ

私は事前にチケットを予約する必要はありますか?

Adakah saya perlu menempah tiket sebelumnya?
アダカ　　サユ　　プルル　　ムヌンパ　　ティケッ　スブロムニュ

疑問文の **adakah** は **P063** を参照。「注文する」は **memesan**［ムムサン］。

私はすぐに出発する必要はありません。

Saya tak payah segera bertolak.
サユ　　タッ　　パヤ　　スグル　　ブルトラッ

あなたは、今日、残業する必要はありません。

Puan tak payah bekerja lebih masa hari ini.
プワン　タッ　　パヤ　　ブクルジュ　　ルベ　　マス　　ハリ　イニ

あなたはパーティーに何も持って行く必要はありません。

Awak tak perlu membawa apa-apa ke jamuan.
アワッ　タッ　　プルル　　ムンバウ　　アプアプ　ク　ジャムアン

117

07 義務、当然

071

基本フレーズ

私は～しなければなりません。

Saya harus / mesti + 動詞 .

サユ　　　ハルス　　　ムスティ

義務を表す **mesti, harus** はどちらもよく使います。**saya** 以外の主語に変更すると応用できます（→P051）。

私は来年、日本に帰らなければなりません。

Saya harus balik ke Jepun tahun depan.

サユ　　　ハルス　　バレッ　ク　ジュポン　　タホン　　　ドゥパン

balik も **pulang**〔プラン（グ）〕も同じ意味。

私は朝7時に空港に行かなければなりません。

Saya mesti (pergi) ke lapangan terbang pada

サユ　　ムスティ　プルギ　ク　　ラパ（ン）ガン　　トゥルバン（グ）　　パドゥ

pukul 7 pagi.

プコル トゥジョ パギ

> 時刻はP068。

私は朝早く起きなければなりません。

Saya harus bangun awal pagi.

サユ　　ハルス　　バ（ン）ゴン　アワル　パギ

> **lewat malam**
> 〔レワッ マラム〕
> 「夜遅く」。

私たちは次のバスに乗らなければなりません。

Kita mesti naik bas berikutnya.

キトゥ　ムスティ　ナエッ　バス　　ブリコッニュ

私は今日、家にいなければなりません。

Saya harus berada di rumah hari ini.

サユ　　ハルス　　ブルアドゥ　ディ　　ルマ　　ハリ　イニ

あなたは〜しなければなりません。
あなたは〜すべきです。

Awak harus / mesti + 動詞 .
アワッ　　　ハルス　　　ムスティ

主語（→P051）を「あなた」にすると奨励や命令を表します。

あなたは列に並ばなければなりません。

Encik harus berbaris.
ウンチェッ　　ハルス　　　ブルバリス

> beratur［ブルアトゥル］
> も同じ意味。

あなたはやってみる（試してみる）べきです。

Awak mesti mencubanya.
アワッ　　ムスティ　　　ムンチュブニュ

あなたは毎日、運動をするべきです。

Encik harus bersenam setiap hari.
ウンチェッ　　ハルス　　　ブルスナム　　　スティヤッ（プ）ハリ

bersenam には「体操する」という意味もあります。「スポーツをする」
は bersukan［ブルスカン］。

あなたはプトラ駅で列車を乗り換えなければなりません。

Awak mesti tukar kereta api di Stesen Putra.
アワッ　　ムスティ　　トゥカル　クレトゥ　アピ　ディ　ステセン　　プトラ

あなたは気を付けてください。　　この通りは往来が激しいです。

Puan harus berhati-hati. Jalan ini sesak.
プワン　　ハルス　　ブルハティハティ　　　　ジャラン　イニ　スサッ

sesak は「（人や車で）混雑した」という意味です。

08 推量 🔊 072

基本フレーズ

おそらく／たぶん〜です。

Mungkin + 文 .
ムン(グ)キン

文の前に mungkin を追加すると推測を表します。

おそらく明日は雨です。

Mungkin esok hujan.
ムン(グ)キン　　エソッ　　フジャン

hujan「雨」は、cerah［チュラ］「晴れ」、mendung［ムンドゥン（グ）］「曇り」、hujan lebat［フジャン　ルバッ］「大雨」に入れ替え可能。

おそらく彼は日本人です。

Mungkin dia orang Jepun.
ムン(グ)キン　ディユ　オラン(グ)　ジュポン

おそらく彼らは車で来ます。

Mungkin mereka datang dengan kereta.
ムン(グ)キン　ムレク　ダタン(グ)　ドゥ(ン)ガン　クレトゥ

たぶんこの果物はまだ熟していません。

Mungkin buah ini belum matang / masak.
ムン(グ)キン　ブワ　イニ　ブロム　マタン(グ)　マサッ

matang / masak「熟した、煮えた」の反意語は mentah［ムンタ］「未熟な、生煮えの、生の」。

たぶんその電話番号は間違っています。

Mungkin nombor telefonnya salah.
ムン(グ)キン　ノンボル　テレフォンニュ　サラ

たぶん私はその**イベント**に出席できません。

Mungkin saya tidak boleh hadir dalam acara itu.
ムン(グ)キン　　サユ　ティダッ　ボレ　　ハデル　　ダラム　アチャル　イトゥ

おそらく今日、その**店**は開いていません。

Mungkin hari ini kedai itu tidak buka.
ムン(グ)キン　ハリ　イニ　クダイ　イトゥ　ティダッ　ブク

たぶん**来月**、私はひまです（時間があります）。

Mungkin saya ada waktu lapang bulan depan.
ムン(グ)キン　サユ　アドゥ　ワクトゥ　ラパン(グ)　ブラン　ドゥパン

おそらく彼が**言う**ことは**正しい**です。

Mungkin apa yang dikatakannya betul.
ムン(グ)キン　アプ　ヤン(グ)　ディカタカンニュ　ブトル

おそらくその**飛行機**は遅れて出発します。

Mungkin pesawat itu akan lambat berlepas.
ムン(グ)キン　プサワッ　イトゥ　アカン　ランバッ　ブルパス

「フライトキャンセル」は **penerbangan batal**［プヌルバンガン　バタル］。

たぶんその**荷物**は**来週**、届きます。

Mungkin barang itu akan sampai
ムン(グ)キン　バラン(グ)　イトゥ　アカン　サンパイ

minggu depan.
ミング　　ドゥパン

たぶん私はあなたに**同行する**ことが**できます**。

Mungkin saya boleh menemani awak.
ムン(グ)キン　サユ　ボレ　ムヌマニ　アワッ

⓪⑨ 決意、確信 🔊 073

基本フレーズ

必ず／きっと〜します。

主語 + **pasti** + 動詞 .
パスティ

決意や確信を表す **pasti**「必ず／きっと」は動詞の前に置きます。未定は **belum pasti**［ブロム　パスティ］「まだ確定ではありません」。

あなたにはきっとできます。
Awak pasti boleh.
アワッ　　パスティ　　ボレ

このチャーハンはきっとおいしいです。
Nasi goreng ini pasti sedap.
ナスィ　ゴレン（グ）　イニ　パスティ　スダッ（プ）

私は必ず空港にあなたを迎えに行きます。
Saya pasti pergi menjemput encik di
サユ　パスティ　プルギ　ムンジュンポッ　ウンチェッ　ディ
lapangan terbang.
ラパ（ン）ガン　トゥルバン（グ）

私は必ずあなたの結婚パーティーに出席します。
Saya pasti hadir dalam majlis perkahwinan awak.
サユ　パスティ　ハデル　ダラム　マジレス　プルカウェナン　アワッ

彼は明後日、来られるか、まだ確実ではありません。
Dia belum pasti boleh datang lusa.
ディユ　ブロム　パスティ　ボレ　ダタン（グ）　ルス

私はきっと〜と思います。／〜を確信します。

Saya yakin bahawa + 文 . / akan + 名詞 .
サユ　　ヤケン　　　バハワ　　　　　　　　　　　　アカン

接続詞 **bahawa** の後は文、前置詞 **akan** の後は名詞です。否定は **Saya tidak yakin〜.** ［サユ　ティダッ　ヤケン］「私は〜に確信が持てません」。

私はきっとすべては順調に進むと確信します。

Saya yakin bahawa semuanya akan berjalan
サユ　　ヤケン　　　バハワ　　　スムワニュ　　　アカン　　　ブルジャラン

lancar.
ランチャル

私は必ずそのチームは勝つと思います。

Saya yakin bahawa pasukan itu akan menang.
サユ　　ヤケン　　　バハワ　　　パスカン　　イトゥ　アカン　　ムナン(グ)

私は必ず彼は参加すると思います。

Saya yakin bahawa dia akan ikut / ikut serta.
サユ　　ヤケン　　　バハワ　　ディュ　アカン　　イコッ　　イコッ　スルトゥ

私はきっとあなたがそれを気に入ると思います。

Saya yakin bahawa encik akan menyukainya.
サユ　　ヤケン　　　バハワ　　ウンチェッ　アカン　　ムニュカイニュ

私はあなたの能力を確信します。

Saya yakin akan kemampuan awak.
サユ　　ヤケン　　アカン　　クマンプアン　　アワッ

私は自分の記憶力に確信が持てません。

Saya tidak yakin akan daya ingatan saya.
サユ　　ティダッ　ヤケン　　アカン　　ダユ　　インガタン　　サユ

10 興味 🔊 074

基本フレーズ

私は〜（名詞）に興味があります。

Saya berminat akan + 名詞 .
サユ　　ブルミナッ　　アカン

私は〜（名詞）に魅力を感じます。

Saya tertarik pada + 名詞 .
サユ　　トゥルタレッ　　パドゥ

興味のあるものには **akan**、魅力を感じるものには **pada** の前置詞が必要です。否定は主語 **saya**「私」の後に **tidak**「〜ない」を置きます。

私は歴史や世界遺産に興味があります。

Saya berminat akan sejarah dan warisan dunia.
サユ　ブルミナッ　アカン　スジャラ　ダン　ワリサン　ドゥニヤ

私はマリンスポーツに興味がありません。

Saya tidak berminat akan sukan laut.
サユ　ティダッ　ブルミナッ　アカン　スカン　ラオッ

私はマレーシアの音楽に魅力を感じます。

Saya tertarik pada muzik Malaysia.
サユ　トゥルタレッ　パドゥ　ムズィッ　マレイスィヤ

私は絵画や彫刻に魅力を感じません。

Saya tidak tertarik pada lukisan dan ukiran.
サユ　ティダッ　トゥルタレッ　パドゥ　ルキサン　ダン　ウキラン

私は〜（動詞）に興味があります。

Saya berminat untuk + 動詞 .

サユ　　　　ブルミナッ　　　　ウントッ

「〜することに興味がある」は「untuk + 行いたい動詞」で表します。否定は主語 saya「私」の後に tidak「〜ない」、belum「まだ〜ない」を置きます。

私はドリアンを食べることに興味があります。

Saya berminat untuk makan durian.

サユ　　　　ブルミナッ　　　　ウントッ　　　マカン　　　ドゥリヤン

私はセパタクローを観戦することに興味があります。

Saya berminat untuk menonton sepak takraw.

サユ　　　　ブルミナッ　　　　ウントッ　　　ムノントン　　　セパッ　　　タクロ

セパタクローは手や腕を使わない足のバレーボールともいわれる伝統競技。

私はマレーシアを旅行することに興味があります。

Saya berminat untuk melancong di Malaysia.

サユ　　　　ブルミナッ　　　　ウントッ　　　ムランチョン(グ)　　　ディ　　　マレイスィヤ

私はチャックレンポンを練習することに興味があります。

Saya berminat untuk berlatih caklempong.

サユ　　　　ブルミナッ　　　　ウントッ　　　ブルラティ　　　チャッレンポン(グ)

チャックレンポンはマレーシアの伝統的な器楽合奏音楽。

私はゴルフをすることに興味がありません。

Saya tidak berminat untuk bermain golf.

サユ　　　ティダッ　　　ブルミナッ　　　ウントッ　　　ブルマエン　　　ゴルフ

私はまだ結婚（すること）に興味がありません。

Saya belum berminat untuk berkahwin.

サユ　　　ブロム　　　ブルミナッ　　　ウントッ　　　ブルカウェン

練習問題

1 次の文をマレー語にしてみましょう。

① 電話番号とメールアドレスを（教えて）ください。

② どうぞ私の家にいらしてください。

③ 一緒に食事をしましょう。

④ 写真を撮ってもいいですか?

⑤ 私はポートディクソンで休暇を過ごす予定です。

⑥ 私は事前にチケットを予約する必要があります。

⑦ 私は明日、東京に帰らなければなりません。

⑧ たぶん今日、そのレストランは開いていません。

⑨ 私は必ずそのパーティーに出席します。

⑩ 私はマレーシアの歴史に興味があります。

解答

1 Minta nombor telefon dan alamat e-melnya. →P106
ミントゥ　ノンボル　テレフォン　ダン　アラマッ　イメルニュ

2 Sila / Jemput datang ke rumah saya. →P109
スィル　ジュンポッ　ダタン(グ)　ク　ルマ　サユ

3 Mari (kita) makan bersama. →P110
マリ　キトゥ　マカン　ブルサム

4 Boleh (saya) mengambil gambar? →P112
ボレ　サユ　ム(ン)ガンベル　ガンバル

5 Saya akan bercuti di Port Dickson. →P114
サユ　アカン　ブルチュティ　ディ　ポルッ　ディクソン

6 Saya perlu menempah tiket sebelumnya. →P117
サユ　プルル　ムヌンパ　ティケッ　スブロムニュ

7 Saya harus / mesti balik ke Tokyo esok. →P118
サユ　ハルス　ムスティ　バレッ　ク　トウキョウ　エソッ

8 Mungkin hari ini restoran itu tidak buka. →P121
ムン(グ)キン　ハリ　イニ　レストラン　イトゥ　ティダッ　ブク

9 Saya pasti hadir dalam majlis itu. →P122
サユ　パスティ　ハデル　ダラム　マジレス　イトゥ

10 Saya berminat akan sejarah Malaysia. →P124
サユ　ブルミナッ　アカン　スジャラ　マレイスィヤ

練習問題

2 次の会話文をマレー語にしてみましょう。

① A：明日、公園に行きましょう。

B：おそらく明日は晴れるでしょう。

② A：ちょっとトイレに行ってもいいですか?

B：どうぞ。

③ A：焼きそばを3包みください。

B：少々、お待ちいただけますか?

> テイクアウト用です。

解答

① A：**Mari (kita) (pergi) ke taman esok.** →P110
マリ　キトゥ　プルギ　ク　タマン　エソッ

B：**Mungkin esok cerah.** →P120
ムン(グ)キン　エソッ　チュラ

② A：**Boleh (saya) (pergi) ke tandas sekejap?** →P112
ボレ　サユ　プルギ　ク　タンダス　スクジャッ(プ)

B：**Silakan.** →P108
スィルカン

③ A：**Minta mi goreng tiga bungkus.** →P106, P055, P219
ミントゥ　ミ　ゴレン(グ)　ティグ　ブン(グ)コス

B：**Mohon tunggu sebentar.** →P107
モホン　トゥング　スブンタル

Hari ke-5 (Day 5)

いつどこで何をしたか
質問してみよう

疑問詞を使いこなす

まずは、**P064**で紹介した単独でも使える **bila**「いつ」、**di mana**「どこで」、**apa**「何」などの疑問詞を覚えてください。**Day 5** では、それらの疑問詞を使って、相手の趣味や出身地、年齢を尋ねるほか、値段、時間、日にち、味、状況、天候、理由など様々なことについて、さらに質問の幅を広げてみましょう。

01 疑問詞 apa

075

| 基本フレーズ |

～は何ですか?

名詞 + apa? / Apa + 名詞 ?
　　　　アプ　　　　アプ

apa「何」は「物」を尋ねる疑問詞で、文頭、文末のどちらにも使われます。前置詞（→P076）を伴う **Untuk apa?**［ウントッ　アプ］「何のため？」、**Dengan apa?**［ドゥ（ン）ガン　アプ］「何（の手段）で？」、**Tentang apa?**［トゥンタン（グ）　アプ］「何について？」などの表現もあります。

これは何ですか?　何ですかそれは?

Ini apa?　　**Apa itu?**
イニ　アプ　　　アプ　イトゥ

あなたの趣味は何ですか?

Hobi / Kegemaran encik apa?
ホビ　　クグマラン　　　ウンチェッ　アプ

この料理の名前は何ですか?

Apa nama masakan ini?
アプ　ナム　マサカン　イニ

> マレー料理、中華料理、インド料理など名物料理がたくさんあります。

このお菓子は何のためですか?　→　パーティーのためです。

Kuih ini untuk apa?　　**Untuk jamuan.**
クエ　イニ　ウントッ　アプ　　ウントッ　ジャムアン

あなたは何で来ましたか?　→　タクシーで。

Awak datang dengan apa?　Dengan teksi.
アワッ　ダタン（グ）　ドゥ（ン）ガン　アプ　ドゥ（ン）ガン　テクスィ

応用フレーズ

あなたは何を〜しますか?

Awak +(助動詞)+ 動詞 + apa?
アワッ　　　　　　　　　　　　　　　　　　　　　　　アプ

動詞の目的語を尋ねる時にも **apa** を使います。

あなたは何を食べたいですか?

Awak mahu makan apa?
アワッ　　マフ　　マカン　　アプ

返答は **Sate.**［サテ］「串焼き」、**Masakan Melayu.**［マサカン　ムラユ］「マレー料理」などと答えます。

A 何かあったのですか?／どうしたのですか?

Ada apa?
アドゥ　アプ

> 「困難」という名詞で、**masalah**［マサラ］「問題」でも可。「私は困難に陥る」が直訳。

B 私は困っています。

Saya sedang dalam kesulitan/kesusahan.
サユ　　スダン(グ)　　ダラム　　クスレタン　　　クスサハン

A あなたは何をしているのですか?

Puan sedang buat apa?
プワン　　スダン(グ)　　ブワッ　　アプ

B 私はホテルの部屋のカギを探しています。

Saya sedang mencari kunci bilik hotel.
サユ　　スダン(グ)　　ムンチャリ　　クンチ　　ビレッ　　ホテル

しかし、まだ見つかりません。

Tetapi belum saya jumpa.
トゥタピ　　ブロム　　サユ　　ジュンプ

02 疑問詞 siapa

基本フレーズ

だれですか?
Siapa?
スィアプ

だれのものですか?
Siapa punya?
スィアプ　プニュ

siapa「だれ」は「人」を尋ねる疑問詞で、**Siapa punya?**「だれのもの？」の **punya**「〜のもの」は所有を表します。前置詞（→P076）を伴う **Daripada siapa?**［ダリパドゥ　スィアプ］「だれから？」、**Kepada siapa?**［クパドゥ　スィアプ］「だれに？」、**Untuk siapa?**［ウントッ　スィアプ］「だれのため？」、**Dengan siapa?**［ドゥ（ン）ガン　スィアプ］「だれと？」などの表現もあります。

こちらはどなたですか?
Ini siapa?
イニ　スィアプ

この携帯電話はだれのものですか?
Telefon bimbit ini siapa punya?
テレフォン　ビンベッ　イニ　スィアプ　プニュ

あなたはその話をだれから聞きましたか?
Puan mendengar cerita itu daripada siapa?
プワン　ムンドゥ（ン）ガル　チュリトゥ　イトゥ　ダリパドゥ　スィアプ

あなたの名前は何ですか?
Siapa nama awak?
スィアプ　ナム　アワッ

名前を尋ねる場合、「人」には siapa「だれ」、「物」には apa［アプ］「何」を用いますが、気軽な場面では、「人」にも apa が使われます。

Day1
Day2
Day3
Day4
Day5
Day6
Day7
項目別単語

応用フレーズ

だれが〜しますか?(動詞)／〜ですか?(形容詞)

Siapa yang + 動詞 / 形容詞 ?

スィアプ　ヤン(グ)

siapa が主語として文頭に用いられる場合は yang を伴います。

だれが私を空港に迎えに来ますか?

Siapa yang datang menjemput

スィアプ　ヤン(グ)　ダタン(グ)　　ムンジュンポッ

「迎えに行く」は
pergi menjemput
[プルギ　ムンジュンポッ]。

saya di lapangan terbang?

サユ　ディ　ラパ(ン)ガン　トゥルバン(グ)

だれが彼らをホテルへ案内しますか?

Siapa yang menghantar mereka ke hotel?

スィアプ　ヤン(グ)　ムン(グ)ハンタル　　ムレク　ク　ホテル

だれが私とショッピングセンターに行きますか?

Siapa yang (pergi) ke pusat beli-belah dengan saya?

スィアプ　ヤン(グ)　プルギ　ク　プサッ　ブリブラ　ドゥ(ン)ガン　サユ

だれが彼にそう言ったのですか?

Siapa yang mengatakannya kepada dia?

スィアプ　ヤン(グ)　ム(ン)ガタカンニュ　クパドゥ　ディユ

だれがその件を担当していますか?

Siapa yang bertanggungjawab atas hal itu?

スィアプ　ヤン(グ)　ブルタンゴン(グ)ジャワッ(ブ)　アタス　ハル　イトゥ

だれがこの仕事に最もふさわしいですか?

Siapa yang paling sesuai dengan kerja ini?

スィアプ　ヤン(グ)　パレン(グ)　ススアイ　ドゥ(ン)ガン　クルジャ　イニ

03 疑問詞 di / ke / dari mana

077

┤ 基本フレーズ ├

どこ(に／で)ですか?
Di mana?
ディ　　マヌ

どこへですか?
Ke mana?
ク　　　マヌ

どこからですか?
Dari mana?
ダリ　　マヌ

　mana「どこ」は場所を尋ねる疑問詞で、前置詞 di「～に、～で」、ke「～へ」、dari「～から」を伴います。前置詞があれば、ada「いる、ある」、pergi「行く」、datang「来る」は省略できます（→P076）。質問されたら、mana に場所を入れて答えます。

あなたはどこに住んでいますか?
Encik tinggal di mana?
ウンチェッ　ティンガル　ディ　マヌ

今、あなたはどこにいますか?
Sekarang encik (ada) di mana?
スカラン(グ)　　ウンチェッ　アドゥ　ディ　マヌ

あなたはどこへ行きますか?
Puan (pergi) ke mana?
プワン　プルギ　　ク　　マヌ

あなたはどこから来ましたか?
Awak (datang) dari mana?
アワッ　ダタン(グ)　　ダリ　　マヌ

「市場」など具体的な場所だけでなく、「出身、国籍」を尋ねる時にも使います。

応用フレーズ

di mana「どこに/で」、ke mana「どこへ」、dari mana「どこから」は文頭、文末のどちらにも使われます。

トイレはどこですか? → 右側です。

Tandas di mana?
タンダス　ディ　マヌ

Di sebelah kanan.
ディ　スブラ　カナン

> 方位、位置は**P229**。

あなたの車はどこですか? → あそこです。

Di mana kereta encik?
ディ　マヌ　クレトゥ　ウンチェッ

Di sana.
ディ　サヌ

あなたはどこで働いていますか? → 銀行です。

Puan bekerja di mana?
プワン　ブクルジュ　ディ　マヌ

Di bank.
ディ　バン(グ)

明日の朝、私たちはどこで会いますか?

Esok pagi kita jumpa di mana?
エソッ　パギ　キトゥ　ジュンプ　ディ　マヌ

私たちはどこで買い物をしますか?

Kita membeli-belah di mana?
キトゥ　ムンブリブラ　ディ　マヌ

membeli-belah「買い物をする」の代わりにbercuti[ブルチュティ]「休暇を過ごす」、berenang[ブルナン(グ)]「泳ぐ」を入れると応用できます。

今、私たちはどこへ向かっていますか?

Ke mana kita menuju sekarang?
ク　マヌ　キトゥ　ムヌジュ　スカラン(グ)

どこからあなたはその情報を入手しましたか?

Dari mana puan mendapat informasi itu?
ダリ　マヌ　プワン　ムンダパッ　インフォルマスィ　イトゥ

informasi「情報」はmaklumat[マックルマッ]とも言います。

⓪④ 疑問詞 mana, yang mana

078

基本フレーズ

どちらの～（名詞）ですか?
どの～（名詞）ですか?

名詞 + **mana?**
マヌ

mana「どれ」は限定されたものから選び出す疑問詞です。

A あなたはどちらの方（人）／出身ですか?

Encik orang / asal mana?
ウンチェッ　オラン（グ）　アサル　マヌ

B 私はマレーシア人／出身です。

Saya orang / asal Malaysia.
サユ　オラン（グ）　アサル　マレイスィヤ

私はクアラルンプールの人／出身です。

Saya orang / asal KL .
サユ　オラン（グ）　アサル　ケーエル

A 私たちはどの道を通りますか?

Kita lalu jalan mana?
キトゥ　ラル　ジャラン　マヌ

B 私たちは高速道路を通ります。

Kita lalu lebuh raya sahaja.
キトゥ　ラル　ルボ　ラユ　サハジュ

この文の**sahaja**は、複数のものから1つを選択して「（一般道でなく）簡単に～でいいです、～にします」という意味です。

どちらですか？
Yang mana?
ヤン（グ）　　マヌ

こちらです。
Yang ini.
ヤン（グ）　イニ

Yang mana? は複数の中から**1**つを尋ねる疑問詞で、単独で用いるほか、文頭、文末のどちらにも使われます。返答は、**Yang ini.**「こちらです」、もしくは **Kopi.**［コピ］「コーヒーです」など具体的な物で答えます。

あなたのかばんはどちらですか？
Yang mana beg encik?
ヤン（グ）　　マヌ　　ベッ（グ）　ウンチェッ

あなたはどちらがほしいですか？
Encik mahu yang mana?
ウンチェッ　　マフ　　ヤン（グ）　　マヌ

どちらが辛くないですか？
Yang mana tidak pedas?
ヤン（グ）　　マヌ　　ティダッ　　ブダス

> 味覚は P231。

どちらがもっとおいしいですか？
Yang mana lebih sedap?
ヤン（グ）　　マヌ　　ルベ　　スダッ（ブ）

> 比較は P071。

どちらが一番安いですか？
Yang mana paling murah?
ヤン（グ）　　マヌ　　パレン（グ）　　ムラ

あなたはお茶とコーヒーのどちらが好きですか？
Puan suka yang mana, teh atau kopi?
プワン　　スク　　ヤン（グ）　　マヌ　　テ　　アタウ　　コピ

マレーシアの **teh** は主に紅茶で、キャメロンハイランドは紅茶の産地です。

05 疑問詞 berapa (1)

079

基本フレーズ

いくらですか？／いくつですか？

Berapa + 名詞 ?
ブラプ

berapaは、値段や金額「いくら」、人数や個数「何人、何個」、期間「何時間、何日間」、年齢、数値、回数「何歳、何グラム、何回」、時刻や時期「何時、何日」を尋ねる疑問詞です。年月日は**P065**、期間は**P067**、時刻は**P068**を参照してください。

A 値段はいくらですか？

Berapa harganya?
ブラプ　　　ハルグニュ

harga「（物の）値段」、tambang [タンバン（グ）]「（乗り物の）運賃」、caj [チャジ]「チャージ」、kos [コス]「コスト、費用、（ホテルやレンタカーなどの）料金」を使い分けましょう。

B 500リンギットです。

Lima ratus ringgit.
リム　　ラトス　　　リンギッ

A 何人ですか？

Berapa orang?
ブラプ　　オラン（グ）

> 助数詞は**P055**。

レストランやチケット売り場などで、よく聞かれます。

B 3人です。

Tiga orang.
ティグ　オラン（グ）

A 何歳ですか?

Berapa umurnya / usianya?
ブラプ　　　　ウモルニュ　　　ウスィヤニュ

> umur, usiaのどちらもよく使います。

B 20歳です。

Dua puluh tahun.
ドゥワ　　　プロ　　　タホン

> 「歳」と「年」のどちらの意味もあるので、この文だけなら「20年」という意味にもなります。

A コタキナバルに何回行きましたか?

Sudah berapa kali ke Kota Kinabalu?
スダ　　　　ブラプ　　　カリ　　ク　　　コタ　　　キナバル

B 2回です。

Sudah dua kali.
スダ　　　ドゥワ　　カリ

> 回数はP054。

A 何日あなたはこのホテルに宿泊しますか?

Berapa hari encik menginap di hotel ini?
ブラプ　　ハリ　　ウンチェッ　ム(ン)ギナッ(プ)　ディ　ホテル　イニ

B 5日です。

Lima hari.
リム　　ハリ

> 「何日」は berapa malam [ブラプ　マラム]「何泊」とも言いますが、その場合は Lima malam. [リム　マラム]「5泊」と答えます。

A クアンタン行き往復航空券の値段はいくらですか?

Berapa harga tiket penerbangan pergi balik
ブラプ　　　ハルグ　ティケッ　プヌルバ(ン)ガン　　プルギ　　バレッ

ke Kuantan?
ク　　クアンタン

「片道」は sehala [スハル]。

B 3百リンギットです。

Tiga ratus ringgit.
ティグ　　ラトス　　リンギッ

◎6 疑問詞 berapa (2)

080

基本フレーズ

どれくらい〜ですか?

Berapa + 形容詞 ?
ブラプ

「**berapa** + 形容詞」は「どのくらい」と程度を尋ねます。

A どれくらい（長く）マレー語を勉強していますか?

Sudah berapa lama belajar bahasa Melayu?
スダ　　　ブラプ　　　ラム　　ブラジャル　　　バハス　　　ムラユ

B 1年以上勉強しています。

期間は**P067**。

Sudah lebih dari satu tahun.
スダ　　ルベ　　ダリ　　サトゥ　　タホン

lebih dari「〜以上」の反対は **kurang dari**［クラン（グ）　ダリ］「〜未満」。
正確には **lebih dari** は「〜より多い」ですが、詳細は **P204** を参照。

A キナバル山はどれくらいの高さですか?

Berapa tinggi Gunung Kinabalu?
ブラプ　　ティンギ　　グノン（グ）　　キナバル

ボルネオ島サバ州にあるマレーシア最高峰で、登山やトレッキングを楽しめます。

B 4,095.2メートルです。

4 095.2 meter.
ウンパッ　リブ　スンビラン　プロ　リム　プルプロハン　ドゥワ　ミタル

数字は**P052**。

A ここからゲンティンハイランドまでどれくらい（遠い）ですか?

Berapa jauh dari sini ke Genting Highlands?
ブラプ　ジャオ　ダリ　スィニ　ク　ゲンティン(グ)　ハイランズ

ゲンティンハイランドはクアラルンプール近郊の高原リゾートで、カジノ、遊園地、アウトレットパーク、ゴルフコースがあります。

B 約50キロです。

Kira-kira 50 kilometer.
キルキル　リム　プロ　キロミタル

> lebih kurang［ルベ　クラン(グ)］も同じ意味ですが、kurang lebih とは言いません。

A どれくらい（長く）時間がかかりますか?

Makan masa berapa lama?
マカン　マス　ブラプ　ラム

B 車で約1時間半です。

Lebih kurang 1 jam setengah dengan kereta.
ルベ　クラン(グ)　サトゥ　ジャム　ストゥ(ン)ガ　ドゥ(ン)ガン　クレトゥ

A サラワクのラジャン川の長さはどのくらいですか?

Berapa panjang Sungai Rajang di Sarawak?
ブラプ　パンジャン(グ)　ス(ン)ガイ　ラジャン(グ)　ディ　サラワッ

B 563キロメートルです。

563 kilometer.
リム　ラトス　ウナム　プロ　ティグ　キロミタル

A その遊園地の広さはどのくらいですか?

Berapa luas taman hiburan itu?
ブラプ　ルワス　タマン　ヒブラン　イトゥ

B すみません、わかりません。

Maaf, saya tidak tahu.
マアフ　サユ　ティダッ　タフ

07 疑問詞 berapa (3)

081

基本フレーズ

何時ですか？

Pukul berapa?
プコル　　　　ブラプ

何時間ですか？

Berapa jam?
ブラプ　　　ジャム

時刻と時間の長さを尋ねる表現です。「何時？」と「何時間？」の **berapa**
の位置の違いに注意しましょう。

A 今、何時ですか？

Sekarang pukul berapa?
スカラン(グ)　　　プコル　　　ブラプ

B 朝／午前7時です。

Pukul 7 pagi.
プコル　トゥジョ　パギ

> 時刻は**P068**。
> 数字は**P052**。

A 私たちは何時に出発しますか？

Pukul berapa kita bertolak?
プコル　　　ブラプ　　キトゥ　　ブルトラッ

B まもなく私たちは出発します。

Sebentar lagi kita bertolak.
スブンタル　　　ラギ　キトゥ　　ブルトラッ

> **bertolak** は一般の出発、**berlepas** [ブルルパス] は電車や飛行機など大型輸送機関での出発、**berangkat** [ブラン（グ）カッ] はメッカ巡礼や留学など大事な目的での出発です。

A | その試合は何時に始まりますか?

Pertandingan itu bermula pukul berapa?
プルタンディ(ン)ガン　イトゥ　ブルムル　プコル　ブラプ

B | 午後1時半です。

Pukul 1 setengah tengah hari.
プコル　サトゥ　ストゥ(ン)ガ　トゥ(ン)ガ　ハリ

> 時刻は P068。

A | その公演は何時間ですか?

Pertunjukannya berapa jam?
プルトゥンジョカンニュ　ブラプ　ジャム

> すでに話題になった
> ことは、接尾辞 **-nya**
> [ニュ]「その〜」で表
> します。

B | 1時間半です。

Satu jam setengah.
サトゥ　ジャム　ストゥ(ン)ガ

A | あなたは何時まで会社にいますか?

Sampai pukul berapa encik ada di pejabat?
サンパイ　プコル　ブラプ　ウンチェッ　アドゥ　ディ　プジャバッ

B | 夕方／午後5時までです。

Sampai pukul 5 petang.
サンパイ　プコル　リム　プタン(グ)

A | 家から会社まで何時間ですか?

Berapa jam dari rumah ke pejabat?
ブラプ　ジャム　ダリ　ルマ　ク　プジャバッ

B | 電車で1時間です。

Satu jam dengan kereta api.
サトゥ　ジャム　ドゥ(ン)ガン　クレトゥ　アピ

> 「電車」は **tren**［トレ
> ン］とも言います。

08 疑問詞 bila

082

┤ 基本フレーズ ├

いつですか?

Bila?
ビル

bila「いつ」は時を尋ねる疑問詞で、主に文頭に用います。

A いつあなたはクアラルンプールに来ましたか?

Bila encik datang ke Kuala Lumpur?
ビル　　ウンチェッ　　ダタン(グ)　　ク　　クワル　　ルンポル

B 3日前です。

Tiga hari lepas.
ティグ　　ハリ　　ルパス

> 日にちは P065。

A いつあなたは日本に戻り／帰りますか?

Bila encik balik/pulang ke Jepun?
ビル　　ウンチェッ　　バレッ　　プラン(グ)　　ク　　ジュポン

> どちらの単語にも「戻る、帰る」という意味があります。

B 明日の夜です。

Esok malam.
エソッ　　マラム

A いつあなたはまたマレーシアに来ますか?

Bila encik datang lagi ke Malaysia?
ビル　　ウンチェッ　　ダタン(グ)　　ラギ　　ク　　マレイスィヤ

B 近いうちに。

Dalam waktu terdekat.
ダラム　　ワクトゥ　　トゥルドゥカッ

A あなたのお誕生日はいつですか?

Bila hari jadi encik?
ビル　ハリ　ジャディ　ウンチェッ

B 5月31日です。

31 hari bulan Mei.
ティグ　プロ　サトゥ　ハリ　ブラン　メイ

月は **P227**。
数字は **P052**。

- -

A いつ彼は戻りますか?

Bila dia balik?
ビル　ディユ　バレッ

B 2時間後です。

Dua jam lagi.
ドゥワ　ジャム　ラギ

期間は **P067**。

- -

B いつ私はあなたに会えますか?

Bila saya boleh bertemu dengan puan?
ビル　サユ　ボレ　ブルトゥム　ドゥ(ン)ガン　プワン

A いつでも。 ／ いつか。

Bila-bila sahaja. ／ Suatu masa.
ビルビル　　サハジャ　　　スワトゥ　　マス

断りたいなら、こちらの表現を使います。

- -

B いつ私たちはイポーへ遊びに行きますか?

Bila kita jalan-jalan ke Ipoh?
ビル　キトゥ　ジャランジャラン　ク　イポ

A この週末はどうですか?

Bagaimana kalau hujung minggu ini?
バガイマヌ　　カラウ　フジョン(グ)　ミング　イニ

09 疑問詞 bagaimana

083

基本フレーズ

～はどうですか？／～はどうでしたか？

Bagaimana + 名詞 ?
バガイマヌ

bagaimana「どのような、どんな」は状態や程度を尋ねる疑問詞です。

味はどうですか？

Bagaimana rasanya?
バガイマヌ　　　　ラスニュ

あなたの意見はどうですか？

Bagaimana pendapat puan?
バガイマヌ　　　　プンダパッ　　プワン

あなたの調子（具合）はどうですか？

Bagaimana keadaan encik?
バガイマヌ　　　　クアダアン　　ウンチェッ

人の調子を尋ねる場合は「お元気ですか？」と同義の決まり文句です。
keadaan［クアダアン］「状況」の代わりに kereta［クレトゥ］「車」、bisnes
［ビスネス］「事業」などを入れて、物や状態を尋ねることもあります。

昨日のパーティーの雰囲気はどうでしたか？

Bagaimana suasana majlis kelmarin?
バガイマヌ　　　　スワサヌ　　　マジレス　　クルマレン

日本からの旅はどうでしたか？

Bagaimana perjalanan dari Jepun?
バガイマヌ　　　　プルジャラナン　　ダリ　　ジュポン

A マレーシアの気候はどうですか?

Bagaimana iklim di Malaysia?
バガイマヌ　　　　イクレム　ディ　　マレイスィヤ

「気候」とこの下の「天気」の違いに注意しましょう。

B かなり暑くて、雨は降りません。

Cukup panas dan tidak hujan.
チュコッ(プ)　　パナス　　　ダン　　ティダッ　フジャン

今は乾季(4〜9月)です。

Sekarang musim kemarau.
スカラン(グ)　　　ムセム　　　クマラウ

雨季(10〜3月)にはおいしい果物がたくさんあります。

Ada banyak buah sedap pada
アドゥ　　バニャッ　　ブア　　スダッ(プ)　パドゥ

musim hujan.
ムセム　　フジャン

東京の天気はどうですか?

Bagaimana cuaca di Tokyo?
バガイマヌ　　　チュワチュ　ディ　トウキョウ

A 天気はよくて、晴れています。

Cuacanya baik dan cerah.
チュワチュニュ　　バエッ　　ダン　　チュラ

今、日本は春です。

Sekarang musim bunga di Jepun.
スカラン(グ)　　　ムセム　　　ブ(ン)グ　ディ　ジュポン

musim panas [ムセム　パナス]「夏」、musim luruh [ムセム
ルロ]「秋」、musim sejuk [ムセム　スジョッ]「冬」も覚えま
しょう。

10 疑問詞 mengapa, kenapa

084

基本フレーズ

なぜですか?

Mengapa? / Kenapa?
ム(ン)ガプ　　　　　　　クナプ

〜だからです。

Kerana 〜. / Sebab 〜.
クラヌ　　　　　　　スバッ(ブ)

mengapa, kenapa は理由を尋ねる疑問詞で、kerana, sebab で答えます。

A なぜあなたは遅刻したのですか?

Mengapa encik terlambat?
ム(ン)ガプ　　ウンチェッ　　トゥルランバッ

B 道が渋滞していたからです。

Kerana jalan sesak.
クラヌ　　ジャラン　スサッ

渋滞がひどい都市部では最もよく使われる理由です。

B なぜあなたはまちがえたのですか?

Kenapa puan membuat kesalahan / silap ?
クナプ　　プワン　　ムンブワッ　　クサラハン　　スィラッ(ブ)

kesalahan, silap は共に「まちがい、ミス」という意味で、membuat を
伴うと「間違いをする、ミスする」となります。

A あわてていたからです。

Sebab terburu-buru.
スバッ(ブ)　　トゥルブルブル

148

A なぜこの腕時計はとても高いのですか?

Mengapa jam tangan ini mahal sekali?
ム(ン)ガプ　　ジャム　タ(ン)ガン　イニ　マハル　スカリ

B 輸入品だからです。

Kerana barang import.
クラヌ　　　バラン(グ)　インポルッ

A なぜあなたはとても喜んでいるのですか?

Kenapa puan sangat gembira?
クナプ　　プワン　サ(ン)ガッ　グンビル

感情はP230。

B 友人からプレゼントをもらったからです。

Sebab mendapat hadiah dari kawan.
スバッ(ブ)　ムンダパッ　ハディヤ　ダリ　カワン

A なぜあなたは眠いのですか?

Kenapa encik mengantuk?
クナプ　　ウンチェッ　ム(ン)ガントッ

B 徹夜してテレビを見ていたからです。

Kerana berjaga menonton TV.
クラヌ　　ブルジャグ　　ムノントン　ティーヴィー

A なぜこのショッピングセンターはとても混んでいますか?

Mengapa pusat beli-belah ini amat sesak?
ム(ン)ガプ　プサッ　ブリブラ　イニ　アマッ　スサッ

B 今日はバーゲンセールがあるからです。

Sebab hari ini ada jualan murah.
スバッ(ブ)　ハリ　イニ　アドゥ　ジュワラン　ムラ

50%ディスカウントです。

Potongan harganya 50 peratus.
ポト(ン)ガン　　ハルグニュ　リム　プロ　プラトス

149

練習問題

1 次の文をマレー語にしてみましょう。
「あなた」は awakを使ってください。

① あなたは何をしているのですか?

② この傘はだれのものですか?

③ あなたはどこに住んでいますか?

④ どちらがもっと甘いですか?

⑤ 何日間あなたはこのホテルに宿泊しますか?

⑥ どれくらいマレー語を勉強していますか?

⑦ 私たちは何時に到着する予定ですか?

⑧ シティさんはいつ戻りますか?

⑨ そのレストランの雰囲気はどうですか?

⑩ なぜあなたはとても心配しているのですか?

解答

① **Awak sedang buat apa?** →P131
アワッ　スダン(グ)　ブワッ　アプ

② **Payung ini siapa punya?** →P132, P224
パヨン(グ)　イニ　スィアプ　プニュ

③ **Awak tinggal di mana?** →P134
アワッ　ティンガル　ディ　マヌ

④ **Yang mana lebih manis?** →P137, P231
ヤン(グ)　マヌ　ルベ　マネス

⑤ **Berapa hari awak menginap di hotel ini?** →P139
ブラプ　ハリ　アワッ　ム(ン)ギナッ(プ)　ディ　ホテル　イニ

⑥ **Sudah berapa lama belajar bahasa Melayu?** →P140
スダ　ブラプ　ラム　ブラジャル　バハス　ムラユ

⑦ **Pukul berapa kita akan tiba/sampai?** →P142, P114, P239
プコル　ブラプ　キトゥ　アカン　ティブ　サンパイ

⑧ **Bila Puan Siti balik?** →P145, P051
ビル　プワン　シティ　バレッ

⑨ **Bagaimana suasana restoran itu?** →P146, P218
バガイマヌ　スワサヌ　レストラン　イトゥ

⑩ **Kenapa awak sangat risau?** →P149, P230
クナプ　アワッ　サ(ン)ガッ　リサウ

練習問題

2 次の会話文をマレー語にしてみましょう。

① A：私たちはどこで休暇を過ごしますか？

B：バトゥフェリンギビーチで。

② A：あなたは肉と魚のどちらが好きですか？

B：私は肉が好きです。

③ A：その公演は何時に始まりますか？

B：午後6時半です。

解答

① A：**Kita bercuti di mana?** →P135, P214
キトゥ ブルチュティ ディ マヌ

B：**Di Pantai Batu Ferringhi.**
ディ パンタイ バトゥ フェリンギ

② A：**Awak suka yang mana, daging atau ikan?**
アワッ スク ヤン(グ) マヌ ダゲン(グ) アタウ イカン

B：**Saya suka daging.** →P137, P095
サユ スク ダゲン(グ)

③ A：**Pertunjukan itu bermula pukul berapa?**
プルトゥンジョカン イトゥ ブルムル プコル ブラプ

B：**Pukul 6 setengah malam.** →P143, P068
プコル ウナム ストゥ(ン)ガ マラム

Hari ke-6 (Day 6)

さらにいろいろな
質問をしてみよう

疑問詞を使わない質問もしてみる

Day 5では疑問詞を使った質問を学びましたが、
Day 6では疑問詞bagaimana「どのように」を使っ
た質問のほか、疑問詞を使わない文で質問してみま
しょう。存在の有無、物事や状況、方法を尋ねた
り、相手の行動、感想、意見なども聞くことがで
きるようになります。

01 存在の有無を尋ねる

085

基本フレーズ

〜はありますか？／〜はいますか？

Ada + 名詞 **？**
アドゥ

あります。／います。
Ada.
アドゥ

ありません。／いません。
Tidak ada.
ティダッ　アドゥ

物や人の存在の有無を尋ねる **ada** は返答と併せて覚えましょう。

ビールはありますか？
Ada bir?
アドゥ　ビル

ほかの飲み物はありますか？
Ada minuman lain?
アドゥ　ミノマン　ラエン

駅の近くに中華料理レストランはありますか？
Ada restoran masakan Cina dekat stesen?
アドゥ　レストラン　マサカン　チヌ　ドゥカッ　ステセン

この近くにおいしい屋台はありますか？
Di sekitar sini ada gerai yang sedap?
ディ　スキタル　スィニ　アドゥ　グライ　ヤン（グ）　スダッ（プ）

アフマッドさんは家にいますか？
Adakah Encik Ahmad ada di rumah?
アダカ　ウンチェッ　アフマッ　アドゥ　ディ　ルマ

トイレの中にだれか（人が）いますか？
Ada orang di (dalam) tandas?
アドゥ　オラン（グ）　ディ　ダラム　タンダス

> トイレが使用中かどうかを尋ねる表現です。

Day1
Day2
Day3
Day4
Day5
Day6
Day7
項目別単語

応用フレーズ

この(名詞)は〜(形容詞)すぎます。

名詞 + ini terlalu + 形容詞 .
　　　イニ　トゥルラル

もっと〜(形容詞)の(名詞)はありますか?

Ada (名詞) + yang lebih + 形容詞 ?
アドゥ　　　　　　　ヤン(グ)　ルベ

　程度が超えているものには、**terlalu**「〜すぎる」と伝えてから別のものの有無を尋ねましょう。「もっと〜の(名詞)」の名詞は省略できます。「名詞 + ini」「この(名詞)」は ini「これ」に入れ替え可能です。

この帽子は大きすぎます。

Topi ini terlalu besar.
トピ　イニ　トゥルラル　ブサル

> 程度を表す副詞は**P070**。

もっと小さい帽子はありますか?

Ada topi yang lebih kecil?
アドゥ　トピ　ヤン(グ)　ルベ　クチェル

これは値段が高すぎます。

Ini terlalu mahal.
イニ　トゥルラル　マハル

もっと安いのはありますか?

Ada yang lebih murah?
アドゥ　ヤン(グ)　ルベ　ムラ

この料理は塩辛すぎます。

Masakan ini terlalu masin.
マサカン　イニ　トゥルラル　マセン

02 行動を尋ねる

086

┤ 基本フレーズ ├

あなたは〜しますか?

Awak + 動詞 **?**

アワッ

はい。 / いいえ。

Ya. / **Tidak.**

ユ / ティダッ

名詞（物や人）の有無について尋ねる疑問文は**P154**で学びましたが、ここでは動詞について尋ねる疑問文を学びます。「あなた」は相手の性別や年齢で使い分けてください（→**P051**）。動詞の質問文に対する返答は、肯定は**Ya.**「はい」、否定は**Tidak.**「いいえ」でしたね（→**P063**）。

あなたはお酒を飲みますか?

Encik minum minuman keras?

ウンチェッ　　　ミノム　　　　ミノマン　　　クラス

あなたはよく映画を観ますか?

Puan suka menonton filem?

プアン　　スク　　ムノントン　　フィレム

> 「よく〜する」は**P094**。

あなたは時々、ギターを弾きますか?

Kadang-kadang encik bermain gitar?

カダン(グ)カダン(グ)　　ウンチェッ　ブルマエン　ギタル

> 頻度は**P225**。

あなたは毎日、散歩をしますか?

Puan berjalan-jalan setiap hari?

プワン　　ブルジャランジャラン　スティヤッ(プ)　ハリ

> 日付は**P228**。

私は〜しません。
Saya tidak + 動詞 .
サユ　　　ティダッ

動詞を否定するには、動詞の前に **tidak**「〜ない」を置きます。**belum**「まだ〜ない」との違いに注意しましょう（→**P060**）。

私はお酒を飲みません。
Saya tidak minum minuman keras.
サユ　　　ティダッ　　　ミノム　　　ミノマン　　　クラス

私は辛い物（食べ物）を食べません。
Saya tidak makan makanan pedas.
サユ　　　ティダッ　　　マカン　　　マカナン　　　プダス

私はたばこを吸いません。
Saya tidak merokok.
サユ　　　ティダッ　　　ムロコッ

私はテレビを見ません。
Saya tidak menonton televisyen.
サユ　　　ティダッ　　　ムノントン　　　テレヴィシュン

私はゴルフをしません。
Saya tidak bermain golf.
サユ　　　ティダッ　　　ブルマエン　　　ゴルフ

私は海で泳ぎますが、サーフィンはしません。
Saya berenang di laut tetapi tidak
サユ　　　ブルナン(グ)　　　ディ　ラオッ　　　トゥタピ　　　ティダッ
bermain luncur air.
ブルマエン　　　ルンチョル　　　アエル

03 感想を聞く、感想を述べる

087

基本フレーズ

～は楽しかったですか?

Adakah + 主語（名詞）+ seronok?
アダカ　　　　　　　　　　　　　　　　スロノッ

相手に感想を尋ねる表現で、**Saya seronok.**［サユ　スロノッ］「私は楽しい」の主語は「人」ですが、ここでは主語に「物事、事柄」が入ります。**seronok** は口語で、正式な表現は **menyeronokkan**［ムニェロノッカン］です。

そのコンサートは楽しかったですか?

Adakah konsert itu seronok?
アダカ　　　　コンスッ　　イトゥ　　スロノッ

その観光ツアーは楽しかったですか?

Adakah lawatan pelancongan itu seronok?
アダカ　　　ラワタン　　ブランチョ(ン)ガン　イトゥ　スロノッ

クアラルンプール訪問は楽しかったですか?

Adakah kunjungan ke Kuala Lumpur seronok?
アダカ　　クンジョ(ン)ガン　ク　クワル　　ルンポル　　スロノッ

A マレーシアでの休暇は楽しかったですか?

Adakah percutian di Malaysia seronok?
アダカ　　ブルチュティヤン　ディ　マレイスィヤ　　スロノッ

percutian は **kehidupan**［クヒドゥパン］「生活」に入れ替えると応用可能。

B はい、とても楽しかったです。

Ya, sangat seronok.
ユ　　サ(ン)ガッ　　スロノッ

応用フレーズ

～には満足しました。

主語（名詞） + **memuaskan.**
ムムワスカン

～にはがっかりしました。

主語（名詞） + **mengecewakan.**
ム（ン）グチェウカン

Saya puas.［サユ　プワス］「私は満足した」、**Dia kecewa.**［ディア　クチェウ］「彼はがっかりした」の主語は「人」ですが、**memuaskan**「満足させる」、**mengecewakan**「がっかりさせる」の主語は「物事、事柄」です。

その**ホテルのサービス**には満足しました。

Layanan di hotel itu memuaskan.
ラヤナン　　ディ　ホテル　イトゥ　　ムムワスカン

その**パックツアー**には満足しました。

Pakej pelancongan itu memuaskan.
パケジ　　ブランチョ（ン）ガン　イトゥ　　ムムワスカン

> 「観光、旅行」
> という意味も
> あります。

その**新製品**には満足しました。

Produk baharu itu memuaskan.
プロドッ　　バハル　イトゥ　　ムムワスカン

その**人**の態度にはがっかりしました。

Tingkah laku orang itu mengecewakan.
ティン（グ）カ　　ラク　オラン（グ）イトゥ　　ム（ン）グチェウカン

その試合には**とても**がっかりしました。

Pertandingan itu sangat mengecewakan.
ブルタンディ（ン）ガン　イトゥ　サ（ン）ガッ　　ム（ン）グチェウカン

159

⓪4 行き先、経由を尋ねる

 088

基本フレーズ

この（乗り物）は〜行きですか？

Adakah + 乗り物 + ini destinasinya /
アダカ イニ デスティナスィニュ

menghala / menuju / pergi ke 〜?
ムンハル ムヌジュ プルギ ク

乗り物の行き先を尋ねる表現です。destinasinya ke 〜, menghala ke 〜, menuju ke 〜, pergi ke 〜 は共に「〜行き」という意味ですが、**destinasinya** は飛行機によく用いられます。

この飛行機は**クチン**行きですか？

Adakah kapal terbang ini destinasinya ke
アダカ カパル トゥルバン(グ) イニ デスティナスィニュ ク

Kuching?
クチン(グ)

乗り物は **P213**。

その列車は**イポー**行きですか？

Adakah kereta api itu menghala ke Ipoh?
アダカ クレトゥ アピ イトゥ ムンハル ク イポ

このバスは**クアンタン**行きですか？

Adakah bas ini menuju ke Kuantan?
アダカ バス イニ ムヌジュ ク クワンタン

その船は**パンコール島**行きですか？

Adakah kapal itu pergi ke Pulau Pangkor?
アダカ カパル イトゥ プルギ ク プラウ パン(グ)コル

この（乗り物）は〜経由ですか？

Adakah + 乗り物 + ini lalu ~?
アダカ　　　　　　　　　　イニ　　ラル

A 少々おうかがいします。

Tumpang tanya.
トゥンパン(グ)　　タニュ

質問する前にていねいにお願いする表現で、**Maaf.**［マアフ］「すみません」もよく使います。

この夜行バスはコタバル行きですか？

Adakah bas malam ini menghala ke
アダカ　　バス　　マラム　　イニ　　ムンハラ　　ク

Kota Bharu?
コタ　　　バル

B はい、そうです。

Ya, betul.
ユ　　ブトル

A このバスはシャーアラム経由ですか？

Adakah bas ini lalu Shah Alam?
アダカ　　バス　イニ　ラル　シャ　　アラム

B いいえ。これはシャーアラム経由ではありません。

Tidak. Ini tidak lalu Shah Alam.
ティダッ　イニ　ティダッ　ラル　シャ　　アラム

これはスレンバン経由です。

Ini lalu Seremban.
イニ　ラル　　スレンバン

⓪5 物事、人について尋ねる

089

╭─ 基本フレーズ ─╮

あなたは〜を知っていますか?

Adakah awak tahu ~?

アダカ　　　アワッ　　　タフ

物事を知っているかどうか尋ねる表現で、人には使いません。人を知っているかどうかを尋ねるには、**P163**の表現を使いましょう。

あなたはこの店がどこにあるか知っていますか?

Adakah encik tahu di mana
アダカ　　　ウンチェッ　タフ　ディ　マヌ

kedai ini?
クダイ　　イニ

> 「商店」のこと。飲食店は**restoran**［レストラン］「レストラン」、**kedai kopi**［クダイ　コピ］「コーヒー屋台」。

あなたは銀行が何時に開くか知っていますか?

Adakah encik tahu pukul berapa bank buka?
アダカ　　　ウンチェッ　タフ　プコル　　ブラプ　　バン(グ)　ブク

あなたは彼がいつ日本に帰るか知っていますか?

Adakah puan tahu bila dia pulang ke Jepun?
アダカ　　　プワン　　タフ　ビル　ディユ　プラン(グ)　ク　ジュポン

あなたは責任者がだれか知っていますか?

Adakah puan tahu siapa
アダカ　　　プワン　　タフ　スィアプ

orang yang bertanggung jawab?
オラン(グ)　ヤン(グ)　ブルタングン(グ)ジャワッ(ブ)

> **bertanggung jawab**は「責任を負う」で、直訳は「責任を負う人」。

あなたは〜を知っていますか?
あなたは〜と面識がありますか?

Adakah awak kenal dengan (人)?
アダカ　　　アワッ　　クナル　　ドゥ(ン)ガン

ある人と知り合いかどうかを尋ねる表現です。日本語は物事でも人でも「知っている」を用いますが、マレー語は使い分けます。

A あなたはアイシャを知っていますか?

Adakah awak kenal dengan Aishah?
アダカ　　　アワッ　　クナル　　ドゥ(ン)ガン　　アイシャ

アイシャはマレーシアで有名なアーティストです。

Aishah artis terkenal di Malaysia.
アイシャ　アルティス　トゥルクナル　ディ　マレイスィヤ

B はい、彼女は私の親友です。

Ya, dia sahabat saya.
ユ　ディユ　サハバッ　サユ

A 私はアイシャとはまだ面識がありません。

Saya belum kenal dengan Aishah.
サユ　ブロム　クナル　ドゥ(ン)ガン　アイシャ

私にアイシャを紹介してください。

Tolong perkenalkan Aishah kepada saya.
トロン(グ)　プルクナルカン　アイシャ　クパドゥ　サユ

B もちろんです。

Sudah tentu.
スダ　トゥントゥ

06 助言を乞う 🔊 090

基本フレーズ

～を（私に）教えてください。／いただけますか？

Tolong / Mohon beritahu + 名詞
トロン（グ）　　　モホン　　　ブリタフ

(kepada saya).
クパドゥ　　サユ

　助言を乞う表現で beritahu「知らせる、伝える」には知っていることを伝える「教える」という意味もあり、mohon は tolong よりていねいです。

（値段の）安い店を教えてください。

Tolong beritahu kedai yang harga murah.
トロン（グ）　　ブリタフ　　クダイ　　ヤン（グ）　ハルグ　　ムラ

眺め（景色）のよいレストランを教えてください。

Tolong beritahu restoran yang ada
トロン（グ）　　ブリタフ　　レストラン　ヤン（グ）　アドゥ

pemandangan cantik.
ブマンダ（ン）ガン　　チャンテッ

> 「美しい」という意味です。

マラッカ名物の食べ物を教えていただけますか？

Mohon beritahu makanan istimewa Melaka.
モホン　　ブリタフ　　マカナン　　イスティメウ　　ムラカ

有名な観光地を教えていただけますか？

Mohon beritahu tempat pelancongan yang
モホン　　ブリタフ　　トゥンパッ　　プランチョ（ン）ガン　ヤン（グ）

terkenal.
トゥルクナル

応用フレーズ

基本フレーズの **saya**「私」をほかの人に入れ替えると応用でき、**kepada** は省略可。**tentang**［トゥンタン（グ）］「〜について」を伴うこともあります。

彼らに新しい住所を知らせてください。

Tolong beritahu (kepada) mereka tentang
トロン（グ）　　　ブリタフ　　　　　　クパドゥ　　　　　　ムレク　　　　トゥンタン（グ）

alamat baharu.
アラマッ　　　バハル

A　この近くでよいゲストハウスを教えてください。

Tolong beritahu rumah tumpangan yang baik
トロン（グ）　　　ブリタフ　　　　　ルマ　　　　トゥンパ（ン）ガン　　　ヤン（グ）　　バエッ

dekat sini.
ドゥカッ　　スィニ

B　了解です。安くて清潔なゲストハウスがあります。

Baik. Ada rumah tumpangan yang murah dan
バエッ　　アドゥ　　ルマ　　　トゥンパ（ン）ガン　　ヤン（グ）　　ムラ　　　ダン

bersih.
ブルセ

A　名前と住所を教えてください。

Tolong beritahu nama dan alamatnya.
トロン（グ）　　　ブリタフ　　　ナム　　　ダン　　　アラマッニュ

B　了解。道に迷ったら、私に知らせてください。

OK. Kalau sesat di jalan, tolong beritahu
オケ　　カロウ　　スサッ　ディ　ジャラン　　トロン（グ）　　　ブリタフ

(kepada) saya.
クパドゥ　　　サユ

07 人、物、状況を尋ねる

091

～はどうですか？／～はどうでしたか？

Bagaimana dengan + 名詞 ?
バガイマヌ　　　　　　　ドゥ(ン)ガン

人、物、状況などについて相手の考えを聞く表現です。時制はその場の状況で判断してください。

A これをもらってもいいですか？

Boleh saya mengambil ini?
ボレ　　サユ　　ム(ン)ガンベル　　イニ

B それは汚れています。これはどうですか？

Itu kotor.　　Bagaimana dengan ini?
イトゥ　コトル　　　　バガイマヌ　　　　ドゥ(ン)ガン　　イニ

- -

A あなたを夕食に誘いたいのですが。

Saya mahu mengajak encik untuk
サユ　　マフ　　ム(ン)ガジャッ　　ウンチェッ　　ウントッ

makan malam.
マカン　　マラム

B 今日は忙しいです。明日の夜はどうですか？

Hari ini sibuk.
ハリ　イニ　スィボッ

Bagaimana dengan esok malam?
バガイマヌ　　　　ドゥ(ン)ガン　　エソッ　　マラム

A 明日、アイシャのお誕生会があります。

Besok ada majlis hari jadi Aishah.
ベソッ　アドゥ　マジレス　ハリ　ジャディ　アイシャ

私は参加するつもりです。あなたはどうですか?

Saya akan ikut.
サユ　アカン　イコッ

Bagaimana dengan awak?
バガイマヌ　ドゥ(ン)ガン　アワッ

B 参加しますが、彼女のプレゼントはどうしますか?

Ikut, tapi bagaimana dengan
イコッ　タピ　バガイマヌ　ドゥ(ン)ガン

hadiahnya?
ハディヤニュ

A 私はかばんを買いました。

Saya sudah membeli beg.
サユ　スダ　ムンブリ　ベッ(グ)

B 私は何を買えばいいかわかりません。

Saya tidak tahu akan membeli apa.
サユ　ティダッ　タフ　アカン　ムンブリ　アプ

A 花柄の財布はどうですか?

Bagaimana dengan dompet
バガイマヌ　ドゥ(ン)ガン　ドンペッ

bercorak bunga?
ブルチョラッ　ブ(ン)グ

B 了解です、私は賛成です。

Baik, saya setuju.
バエッ　サユ　ストジュ

⑱ 方法を尋ねる

基本フレーズ

どのようにして〜しますか?

Bagaimana cara ~?
バガイマヌ　　　　　チャル

方法、手段を尋ねるには疑問詞 **bagaimana**「どのような」と **cara**「方法」を組み合わせて **Bagaimana cara ~?**「どのような方法で〜?」と言います。

どのようにして食べますか?

Bagaimana cara makannya?
バガイマヌ　　　　チャル　　　マカンニュ

どのようにしてこの魚を料理しますか?

Bagaimana cara memasak ikan ini?
バガイマヌ　　　　チャル　　　ムマサッ　　　イカン　イニ

調理法は **goreng**［ゴレン（グ）］「揚げる」、**tumis**［トゥメス］「炒める」、**bakar**
［バカル］「焼く」、**rebus**［ルボス］「茹でる」、**kukus**［クコス］「蒸す」など。

どのようにしてそこへ行きますか?

Bagaimana cara pergi ke sana?
バガイマヌ　　　　チャル　　　プルギ　ク　サヌ

日本語は **situ**「そこ」ですが、マレー語は **sana**「あそこ」が自然です。

どのようにしてその品物を注文しますか?

Bagaimana cara memesan barang itu?
バガイマヌ　　　　チャル　　　ムムサン　　　バラン（グ）　イトゥ

どのようにしてインターネットで本を買いますか?

Bagaimana cara membeli buku melalui internet?
バガイマヌ　　　　チャル　　　ムンブリ　　　ブク　　ムラルイ　　イントゥルネッ

A どのようにしてあなたは マレー語を勉強 していますか?

Bagaimana cara awak belajar bahasa
バガイマヌ　　　　チャル　　アワッ　　ブラジャル　　　バハス

Melayu?
ムラユ

B 学校のマレー語講座に 参加し ています。

Saya ikuti kursus bahasa Melayu di
サユ　　イコティ　　クルソス　　　バハス　　　　ムラユ　　　ディ

sekolah.
スコラ

A どのようにしてその講座を 探しましたか?

Bagaimana cara mencari kursus itu?
バガイマヌ　　　　チャル　　　ムンチャリ　　　クルソス　　イトゥ

B インターネットで探しました。

Saya mencari melalui internet.
サユ　　　ムンチャリ　　　ムラルイ　　イントゥルネッ

やり方はこのようにします。

Caranya begini.
チャルニュ　　　　ブギニ

A どのようにしてそれに 登録しますか?

Bagaimana cara mendaftarnya?
バガイマヌ　　　　チャル　　　ムンダフタルニュ

B ウェブサイト、もしくは直接電話で。

Melalui laman web atau
ムラルイ　　　ラマン　　ウエッ(ブ)　アタウ

> melalui は「〜
> 経由で」が直訳。

menelefon terus.
ムネレフォン　　　トゥルス

09 勧誘する
093

基本フレーズ

~するのはどうですか？／～したらどうですか？

Bagaimana kalau kita + 動詞 ?
バガイマヌ　　　カラウ　　キトゥ

相手を勧誘する表現です。

カフェでおしゃべりをするのはどうですか？

Bagaimana kalau kita bersembang di kafe?
バガイマヌ　　　カラウ　　キトゥ　　ブルセンバン(グ)　ディ　カフェ

書店に立ち寄るのはどうですか？

Bagaimana kalau kita singgah di kedai buku?
バガイマヌ　　　カラウ　　キトゥ　　スィンガ　ディ　クダイ　ブク

海岸でのんびりするのはどうですか？

Bagaimana kalau kita bersantai di pantai?
バガイマヌ　　　カラウ　　キトゥ　　ブルサンタイ　ディ　パンタイ

ちょっと休憩するのはどうですか？

Bagaimana kalau kita berehat sekejap?
バガイマヌ　　　カラウ　　キトゥ　　ブレハッ　　スクジャッ(プ)

一緒に食事に行くのはどうですか？

Bagaimana kalau kita pergi makan bersama?
バガイマヌ　　　カラウ　　キトゥ　　プルギ　マカン　ブルサム

ホテルのロビーで会う（待ち合わせる）のはどうですか？

Bagaimana kalau kita bertemu di lobi hotel?
バガイマヌ　　　カラウ　　キトゥ　　ブルトゥム　ディ　ロビ　ホテル

～したらどうしますか?

Bagaimana kalau ~?

バガイマヌ　　　　　カラウ

P170の同型文が「～したらどうですか?」と勧誘を表すのに対し、この文は「～したらどうしますか?」と結果を案じる時に使います。

彼が来なかったらどうしますか?

Bagaimana kalau dia tidak datang?

バガイマヌ　　　　　カラウ　ディユ　ティダッ　ダタン(グ)

私たちは失敗したらどうしますか?

Bagaimana kalau kita gagal?

バガイマヌ　　　　　カラウ　キトゥ　ガガル

明日、雨が降ったらどうしますか?

Bagaimana kalau besok hujan?

バガイマヌ　　　　　カラウ　ベソッ　フジャン

コンサートのチケットが売り切れていたらどうしますか?

Bagaimana kalau tiket konsert habis?

バガイマヌ　　　　　カラウ　ティケッ　コンスッ　ハベス

1000リンギットでどうですか?

Bagaimana kalau 1 000 ringgit?

バガイマヌ　　　　　カラウ　スリブ　リンギッ

市場や小売店では、自分の希望価格を提示して値段交渉するのが普通です。コンビニエンスストアやスーパーマーケットでは harga tetap〔ハルグ　トゥタッ(プ)〕「定価」のため、値段交渉はできません。数字は P052。

10 意見を聞く

094

基本フレーズ

〜について<u>あなた</u>はどう思いますか?

Bagaimana pendapat awak

バガイマヌ　　　　　　　プンダパッ　　　　　アワッ

tentang + 名詞 ?

トゥンタン(グ)

相手の意見を聞く表現で、**tentang**「〜について」の後は名詞です。

シティさんについて<u>あなた</u>はどう思いますか?

Bagaimana pendapat encik tentang Puan Siti?

バガイマヌ　　　　　　プンダパッ　　　ウンチェッ　トゥンタン(グ)　プワン　スィティ

この本について<u>あなた</u>はどう思いますか?

Bagaimana pendapat puan tentang buku ini?

バガイマヌ　　　　　　プンダパッ　　　プワン　トゥンタン(グ)　ブク　イニ

日本について<u>あなた</u>はどう思いますか?

Bagaimana pendapat encik tentang Jepun?

バガイマヌ　　　　　　プンダパッ　　　ウンチェッ　トゥンタン(グ)　ジュポン

私の提案について<u>あなた</u>はどう思いますか?

Bagaimana pendapat puan tentang cadangan saya?

バガイマヌ　　　　　　プンダパッ　　　プワン　トゥンタン(グ)　チャダ(ン)ガン　サユ

その件について<u>あなた</u>はどう思いますか?

Bagaimana pendapat awak tentang hal itu?

バガイマヌ　　　　　　プンダパッ　　　アワッ　トゥンタン(グ)　ハル　イトゥ

A アイシャについてあなたはどう思いますか?

Bagaimana pendapat encik tentang
バガイマヌ　　　　　プンダパッ　　　　ウンチェッ　トゥンタン(グ)

Aishah?
アイシャ

B 彼女はとても親切でいい人です。

Dia ramah dan baik sekali.
ディユ　ラマ　　ダン　バエッ　スカリ

> 形容詞(性格)は
> **P232**を参照。

マレーシア文化についてあなたはどう思いますか?

Bagaimana pendapat puan tentang
バガイマヌ　　　　　プンダパッ　　　　ブワン　　トゥンタン(グ)

budaya Malaysia?
ブダユ　　　マレイスィヤ

A ユニークで多様性に富んでいます。

Unik dan bervariasi.
ユニッ　　ダン　　ブルヴァリヤスィ

私は手工芸品に魅力を感じます。

Saya tertarik pada kraf tangan.
サユ　　トゥルタレッ　パドゥ　クラフ　タ(ン)ガン

B マレーシア人についてあなたはどう思いますか?

Bagaimana pendapat puan tentang
バガイマヌ　　　　　プンダパッ　　　　ブワン　　トゥンタン(グ)

orang Malaysia?
オラン(グ)　マレイスィヤ

A 外国人にとてもやさしいです。

Sangat ramah terhadap orang asing.
サ(ン)ガッ　　ラマ　　トゥルハダッ(プ)　オラン(グ)　アセン(グ)

173

練習問題

1 次の文をマレー語にしてみましょう。
「あなた」は awak を使ってください。

1 この近くにおいしいレストランはありますか?

2 あなたはよくゴルフをしますか?

3 クチンでの休暇は楽しかったですか?

4 この飛行機は羽田行きですか?

5 あなたはアフマッドさんを知っていますか?

6 有名なマレー料理を教えてください。

7 今日は忙しいです。明日はどうですか?

8 どのようにしてこのホテルの部屋を予約しますか?

9 カフェに立ち寄るのはどうですか?

10 彼についてあなたはどう思いますか?

解答

1 Di sekitar sini ada restoran yang sedap? →P154
ディ　スキタル　スィニ　アドゥ　レストラン　ヤン(グ)　スダッ(プ)

2 Awak suka bermain golf? →P156, P157
アワッ　スク　ブルマエン　ゴルフ

3 Adakah percutian di Kuching seronok? →P158
アダカ　プルチュティヤン　ディ　クチン(グ)　スロノッ

4 Adakah kapal terbang ini destinasinya ke Haneda?
アダカ　カパル　トゥルバン(グ)　イニ　デスティナスィニュ　ク　ハネダ
→P160

5 Adakah awak kenal dengan Encik Ahmad? →P163
アダカ　アワッ　クナル　ドゥ(ン)ガン　ウンチェッ　アフマッ

6 Tolong beritahu masakan Melayu yang terkenal?
トロン(グ)　ブリタフ　マサカン　ムラユ　ヤン(グ)　トゥルクナル
→P164, P131

7 Hari ini sibuk. Bagaimana dengan esok? →P166
ハリ　イニ　スィボッ　バガイマヌ　ドゥ(ン)ガン　エソッ

8 Bagaimana cara menempah bilik hotel ini?
バガイマヌ　チャル　ムヌンパ　ビレッ　ホテル　イニ
→P168, P237, P131

9 Bagaimana kalau kita singgah di kafe? →P170
バガイマヌ　カラウ　キトゥ　スィンガ　ディ　カフェ

10 Bagaimana pendapat awak tentang dia? →P172
バガイマヌ　ブンダパッ　アワッ　トゥンタン(グ)　ディユ

練習問題

2 次の会話文をマレー語にしてみましょう。

① A：150リンギットでどうですか？

B：だめです。200リンギットでどうですか？

② A：もっと大きい部屋はありますか？

B：すみません、ありません。

③ A：あなたはよく日本料理を食べますか？

B：はい。私はよく食べます。

解答

① A：**Bagaimana kalau 150 ringgit?** →P171, P112
バガイマヌ　　カラウ　スラトス　リム　プロ　リンギッ

B：**Tidak boleh. Bagaimana kalau 200 ringgit?**
ティダッ　ボレ　　バガイマヌ　　カラウ　ドゥワ　ラトス　リンギッ

② A：**Ada bilik yang lebih besar?** →P155, P211
アドゥ　ビレッ　ヤン(グ)　ルベ　　ブサル

B：**Maaf, tidak ada.** →P033, P154
マアフ　ティダッ　アドゥ

③ A：**Awak suka makan masakan Jepun?** →P094, P131
アワッ　スク　　マカン　　マサカン　ジュポン

B：**Ya. Saya sering makan.** →P156, P225
ユ　サユ　スレン(グ)　マカン

Hari ke-7 (Day 7)

気持ちが伝わる
便利フレーズ

感謝、おわびなど自分の気持ちを伝える

マレーシア人と親しくなって簡単な会話ができるようになったら、お礼や感謝、おわび、願望、祝辞、称賛など、お世話になった相手に自分の率直な気持ちを伝えてみましょう。また、病気や紛失、故障など困ったことがあれば、助けを求めるとよいでしょう。きっと親身になって相談にのってくれるはずです。

01 お礼、感謝 095

基本フレーズ

〜していただき、ありがとうございます。

Terima kasih kerana (主語) +
トゥリム　　カセ　　　クラヌ

sudah + 動詞 .
スダ

相手にしてもらった行為に対するお礼の表現で、併せて**P032**と**P196**も
ご参照ください。**kerana**以降は理由を述べる文です。

私を手伝っていただき、ありがとうございます。

Terima kasih kerana sudah membantu saya.
トゥリム　　　カセ　　　クラヌ　　　スダ　　　ムンバントゥ　　サユ

（あなたは）私に食事をおごっていただき、ありがとうございます。

Terima kasih kerana (puan) sudah belanja
トゥリム　　　カセ　　　クラヌ　　　プワン　　スダ　　ブランジュ

saya.
サユ

お時間を割いていただき、ありがとうございます。

Terima kasih kerana sudah meluangkan waktu.
トゥリム　　　カセ　　　クラヌ　　　スダ　　ムルワン（グ）カン　　ワクトゥ

私を心配していただき、ありがとうございます。

Terima kasih kerana risau akan saya.
トゥリム　　　カセ　　　クラヌ　　　リサウ　　アカン　　サユ

理由は、**menyokong**［ムニョコン（グ）］「支援する」、**mendorong**［ムンドロ
（ン）］「後押しする」も可。

178

A 空港まで私を見送っていただき、
ありがとうございました。

Terima kasih kerana sudah menghantar
トゥリム　　　カセ　　　クラヌ　　　スダ　　　　ム(ン)ハンタル

saya ke lapangan terbang.
サユ　　ク　　ラパ(ン)ガン　　トゥルバン(グ)

B こちらこそ。

Sama-sama.
サムサム

お礼の返答はP032も
参照してください。

A あちこちへ私と同行していただき、
ありがとうございました。

Terima kasih kerana sudah
トゥリム　　　カセ　　　クラヌ　　　スダ

mengiringi saya ke sana sini.
ム(ン)ギリンギ　　　サユ　　ク　　サヌ　スィニ

sana sini「あちこち」はTaman Negara Kinabalu［タマン
ヌガル　キナバル］「キナバル国立公園」などに入れ替え可。

B こちらこそありがとうございました。

Terima kasih kembali.
トゥリム　　　カセ　　　クンバリ

A 店では通訳していただき、ありがとうございました。

Terima kasih kerana sudah
トゥリム　　　カセ　　　クラヌ　　　スダ

menterjemahkan di kedai.
ムントゥルジュマカン　　　ディ　　クダイ

B ああ、大丈夫です。

Oh, tak apa.
オ　　タッ　アプ

02 おわび 🔊 096

基本フレーズ

～してごめんなさい。／申し訳ありません。
Minta / Mohon maaf kerana ～.
ミントゥ　　　モホン　　マアフ　　クラヌ

おわびの表現は**P033**もご参照ください。**mohon** は **minta** よりていねいです。**kerana** の後は理由を述べる文で、**saya**「私」などの主語は省略可。

私が勘違いしてごめんなさい。

Minta maaf kerana saya salah faham
ミントゥ　　マアフ　　クラヌ　　サユ　　サラ　　ファハム
/ salah anggap.
サラ　　アンガッ(ブ)

あなたを驚かせてごめんなさい。

Minta maaf kerana mengejutkan awak.
ミントゥ　　マアフ　　クラヌ　　ム(ン)グジョッカン　　アワッ

mengejutkan「驚かせる」は、**mengecewakan**〔ム（ン）グチェウカン〕「がっかりさせる」、**merisaukan**〔ムリサウカン〕「心配をかける」に入れ替え可。

あなたのじゃまをして申し訳ありません。

Mohon maaf kerana mengganggu puan.
モホン　　マアフ　　クラヌ　　ムンガング　　プワン

話し中や仕事中の相手の行動を妨げる時に用います。

あなたにご面倒をおかけして申し訳ありません。

Mohon maaf kerana menyusahkan encik.
モホン　　マアフ　　クラヌ　　ムニュサカン　　ウンチェッ

相手に面倒をかけたり、煩わせた時に用います。

A 遅刻して申し訳ありません。

Mohon maaf kerana terlambat.
モホン　　　　マアフ　　　　クラヌ　　　　トゥルランバッ

ものすごい渋滞でした。

Kesesakan jalan luar biasa.
クスサカン　　　　ジャラン　　ルワル　　ビヤス

biasa は「普通の、一般の」ですが、luar biasa は「異常な、並外れた、ものすごい」という意味です。

B （あなたに）いらしていただきありがとうございます。

Terima kasih atas kedatangan encik.
トゥリム　　　　カセ　　　アタス　　　クダタ（ン）ガン　　　　ウンチェッ

A （あなたを）お待たせしてすみません。

Minta maaf kerana membuat puan
ミントゥ　　　マアフ　　　クラヌ　　　　　ムンブワッ　　　　プワン

menunggu.
ムヌング

マレーシアでは、30分程度の遅刻は謝らないことが多いようです。

B お忙しい時にあなたにご出席をお願いして申し訳ありません。

Saya mohon maaf kerana meminta
サユ　　　モホン　　　マアフ　　　クラヌ　　　ムミントゥ

kehadiran encik semasa sibuk.
クハデラン　　　　ウンチェッ　　　スマス　　　スィボッ

kehadiran は kedatangan［クダタ（ン）ガン］「来訪」でも可。

A 私はこのイベントに参加できてうれしいです。

Saya gembira boleh ikut acara ini.
サユ　　　グンビル　　　ボレ　　　イコッ　　アチャル　　イニ

03 願望

┤ 基本フレーズ ├

～でありますように。

Semoga ～.
スモグ

Mudah-mudahan ～.
ムダムダハン

願望の表現で、相手の状況に対する自分の気持ちを伝えましょう。

長寿でありますように。

Semoga panjang umur.
スモグ　　パンジャン（グ）　ウモル

日本では「これからも長生きしてください」と高齢者に使う表現ですが、マレーシアでは子供や若者にも使います。

あなたがいつもお元気で活躍されますように。

Semoga encik sihat selalu dan berjaya.
スモグ　ウンチェッ　スィハッ　スラル　ダン　ブルジャユ

berjaya「活躍する」は意訳で、「成功する」が直訳です。

早く（病気・ケガが）治りますように。

Mudah-mudahan cepat sembuh.
ムダムダハン　　チュパッ　スンボ

あなたが試験に合格しますように。

Mudah-mudahan awak lulus ujian.
ムダムダハン　　アワッ　ルロス　ウジャン

A 私の同僚は病気になり、入院しました。

Rakan sekerja saya jatuh sakit dan

ラカン　　　スクルジュ　　サユ　　ジャトゥ　サケッ　　ダン

masuk hospital.

マソッ　　　ホスピタル

B かわいそうに。早く治りますように。

Kasihannya. Semoga cepat sembuh.

カスィハンニュ　　　　スモグ　　　チュパッ　　　スンボ

Kasihan.「かわいそう」は同情の表現です。

A ああ、そうだ。明日、(ひまな) 時間はありますか?

Oh, ya. Esok ada waktu luang?

オ　ユ　エソッ　アドゥ　ワクトゥ　ルワン(グ)

Oh, ya. は話題を変える時の決まり文句です。「ああ、そうですか」と確認する時にも使います。

公園へピクニックに行くのはどうですか?

Bagaimana kalau pergi berkelah ke

バガイマヌ　　　カラウ　　ブルギ　　　ブルケラ　　　ク

taman?

タマン

B いいアイディアです。　　私は一緒に行きたいです。

Idea yang bagus. Saya mahu ikut.

アイディユ　ヤン(グ)　バゴス　　サユ　　マフ　　イコッ

A 明日、晴れますように。

Mudah-mudahan besok cerah.

ムダムダハン　　　　　　ベソッ　　チュラ

B 雨が降りませんように。

Semoga tidak turun hujan.

スモグ　　　ティダッ　トゥロン　フジャン

04 祝辞
098

基本フレーズ

（祝日、行事）おめでとうございます。

Selamat ~.
スラマッ

Selamat ~. は祝日や行事を祝う言葉で、英語の happy にあたります。
Selamat!「おめでとう！」と単独で使うこともあります。

断食明け大祭おめでとうございます。

Selamat Hari Raya Aidilfitri.
スラマッ　　　ハリ　　ラユ　　アイディルフィトゥリ

tahun baharu［タホン　バハル］「新年」などの祝日（→P227）に入れ替え可。

ご結婚おめでとうございます。

Selamat pengantin baharu.
スラマッ　　プ（ン）ガンティン　　バハル

> 「新婚」が直訳です。

ミニ会話

A お誕生日おめでとう。長寿でありますように。

Selamat hari jadi.
スラマッ　　ハリ　ジャディ

Semoga panjang umur.
スモグ　　パンジャン（グ）　ウモル

B ありがとう。私は21歳になりました。

Terima kasih. Saya sudah berumur
トゥリム　　カセ　　サユ　　スダ　　ブルウモル

21 tahun.
ドゥワ　プロ　サトゥ　タホン

（幸福、目標達成、成功）おめでとうございます。

Tahniah ～.
タニャ

幸福、目標達成、成功を祝う言葉で、英語の **Congratulations!** にあたります。**Tahniah!**「おめでとう！」と単独で使うこともあります。

大学入学試験合格おめでとうございます。

Tahniah kerana lulus ujian kemasukan universiti.
タニャ　　　クラヌ　　ルロス　ウジャン　　クマソカン　　　ユニヴァスィティ

「大学ご卒業」は **tamat pengajian**［タマッ　プ（ン）ガジャン］。

女の子のご誕生おめでとうございます。

Tahniah atas kelahiran anak perempuan.
タニャ　　アタス　　クラヒラン　　アナッ　　プルンプワン

「男の子」は **anak lelaki**［アナッ　ルラキ］。

A 入社試験合格おめでとうございます。

Tahniah kerana lulus ujian
タニャ　　　クラヌ　　ルロス　ウジャン

kemasukan syarikat.
クマソカン　　　シャリカッ

B ありがとう。　　私は運がよかったです。

Terima kasih. Saya bernasib baik.
トゥリム　　カセ　　サユ　ブルナスィッ（ブ）　バエッ

A あなたはその会社に入るのにふさわしいです。

Awak layak masuk syarikat itu.
アワッ　ラヤッ　マソッ　シャリカッ　イトゥ

185

05 病気、ケガ 🔊 099

基本フレーズ

私は（体調が）〜です。

Saya ~.
サユ

「病気、ケガ」の単語（→P221）を入れて、自分の体調不良や健康状態を相手に伝え、助けを求めましょう。

私は体調がよくありません。　　　　私はお腹が痛いです。

Badan saya rasa tak sedap. Saya sakit perut.
バダン　　サユ　　ラス　　タッ　スダッ（ブ）　　サユ　　サケッ　　ブロッ

rasa tak sedap「体調がよくない」は **sedap** の代わりに **sihat**［スィハッ］「健康な、元気な」でも可。**sakit perut**「腹痛」は、**sakit kepala**［サケックパル］「頭痛」、**sakit gastrik**［サケッ　ガストレッ］「胃痛」に入れ替え可。

私は頭が痛いです。　　　　私は足にケガをしました。

Kepala saya sakit. Kaki saya terluka / cedera.
クパル　　サユ　　サケッ　　カキ　　サユ　　トゥルルク　　チュドゥル

直訳は「私の頭は痛みます」「私の足はケガしています」です。身体の部位（→P220）を入れて痛いところやケガをしたところを伝えましょう。

私は少し疲れて、眠いです。

Saya agak penat dan mengantuk.
サユ　　アガッ　　ブナッ　　ダン　　ム（ン）ガントッ

agak などの程度を表す副詞は P070。

私はとてもお腹がすいて、のどが渇いています。

Saya lapar dan dahaga sekali.
サユ　　ラパル　　ダン　　ダハグ　　スカリ

A 私は咳が出て、熱があります。

Saya batuk dan demam.
サユ　　バトッ　　ダン　　ドゥマム

B あなたは吐き気がしたり、下痢をしていますか?

Adakah encik loya atau cirit-birit?
アダカ　　ウンチェッ　ロユ　アタウ　チレッビレッ

A 私は何回か吐きましたが下痢はしていません。

Saya muntah beberapa kali tetapi
サユ　　ムンタ　　ブブラプ　カリ　トゥタピ

tak cirit-birit.
タッ　チレッビレッ

B たぶん風邪です。

Mungkin selesema.
ムン(グ)キン　　スルスム

この薬を飲んで、よく休んでください。

Minum ubat ini dan rehat dengan
ミノム　　ウバッ　イニ　ダン　レハッ　ドゥ(ン)ガン

banyak.
バニャッ

minum ubat「薬を飲む」は、makan ubat [マカン　ウバッ]
「薬を食べる (直訳)」とも言います。「よく休む」の「よ
く」は baik ではなく、banyak「たくさんの」を使います。

早く治って、また元気になりますように。

Semoga cepat sembuh dan sihat
スモグ　　チュパッ　　スンボ　　ダン　スィハッ

kembali.
クンバリ

06 紛失、盗難、事故

基本フレーズ

私は〜をなくしました。／紛失しました。

~ saya hilang.
サユ　　ヒラン(グ)

hilang「紛失する」のほかに、**dicuri**「盗まれる」、**diseluk**「すられる」、**tertinggal**「置き忘れる」などの表現も覚えましょう。

私はメガネを紛失しました。

Kaca mata saya hilang.
カチュ　　マトゥ　　サユ　　ヒラン(グ)

> 「めがね」は **cermin mata**［チュルメン　マトゥ］とも言います。

直訳は「私のメガネは紛失しました」で、以下の例文も同様です。

私はスーツケースを盗まれました。

Beg pakaian saya dicuri.
ベッ(グ)　　パカイヤン　　サユ　　ディチュリ

> 「手荷物」は **bagasi**［バガスィ］。「かばん」は **beg**［ベッ（グ）］。

私は財布をすられました。

Dompet saya diseluk.
ドンペッ　　サユ　　ディスロッ

私は上着をタクシーの中に置き忘れました。

Jaket saya tertinggal di dalam teksi.
ジャケッ　　サユ　　トゥルティンガル　　ディ　　ダラム　　テクスィ

私は交通事故に遭いました。

Saya terlibat dalam kemalangan jalan raya.
サユ　　トゥルリバッ(ト)　　ダラム　　クマラ(ン)ガン　　ジャラン　　ラユ

「交通事故」は、**kebakaran**［クバカラン］「火事」、**banjir**［バンジェル］「洪水」、**gangguan seksual**［ガングワン　セクシュワル］「セクハラ」に入れ替え可。

A 私は強盗に遭って、脅されました。

Saya dirompak dan diancam.
サユ　　　ディロンパッ　　ダン　　ディアンチャム

B あなたにケガはありませんか?

Adakah puan tidak terluka / cedera?
アダカ　　　プワン　ティダッ　トゥルルク　チュドゥル

A 私は大丈夫ですが、パソコンを盗られました。

Saya tidak apa-apa tetapi
サユ　　ティダッ　アプアプ　トゥタピ

komputernya diambil.
コンプトゥルニュ　　ディアンベル

> diambil「取られる」には、「盗まれる」という意味もあります。

B それはとても大変な状況ですね。

Situasinya sangat serius.
スィトゥワスィニュ　サ(ン)ガッ　セリウス

serius「大変な」の直訳は「深刻な、重大な」。

でも、あなたにケガがなくてよかったです。

Tetapi, nasib baik puan tidak
トゥタピ　ナセッ(ブ)　バエッ　プワン　ティダッ

terluka / cedera.
トゥルルク　　チュドゥル

nasib baik「よかった」の直訳は「幸運な、運のよい」で、untung [ウントン (グ)] も同じ意味。

A 私はどうしたらよいかわかりません。

Saya tak tahu harus buat apa.
サユ　タッ　タフ　ハロス　ブワッ　アプ

tak tahu harus buat apa の直訳は「何をすべきかわかりません」。

07 故障、不本意
101

基本フレーズ

～が故障しました。

名詞 -nya rosak.
　　　ニュ　ロサッ

故障などのトラブルの際には修理を依頼しましょう。その場の状況で、すでに明白なもの（名詞）を特定する場合は、名詞の後に接尾辞-nyaをつけます。dia［ディア］「彼／彼女」の所有格の接尾辞-nya（→P056）と形は同じですが、用法や意味は異なります。

エアコンが故障しています。　　　修理してください。

Penghawa dinginnya rosak. Tolong perbaiki.
プン(グ)ハワ　ディ(ン)ゲンニュ　ロサッ　トロン(グ)　プルバイキ

電灯がつきません。

Lampunya tidak menyala.
ランプニュ　ティダッ　ムニャル

menyala「点ける」は、TV［ティーヴィー］「テレビ」、penghawa dingin［プン（グ）ハワ　ディ（ン）ゲン］「エアコン」など点灯する機械作動時に使い、hidup［ヒドッ（プ）］「つける」は、komputer［コンプトゥル］「パソコン」など機械全般の作動時に使います。

お湯が出ません。

Air panasnya tidak keluar.
アエル　パナスニュ　ティダッ　クルワル

トイレが詰まっています。

Tandasnya tersumbat.
タンダスニュ　トゥルスンバッ

「洗面台」はkabinet bilik mandi
［カビネッ　ビレッ　マンディ］。

190

私はやむをえず〜します。
私は〜せざるをえません。

Saya terpaksa + 動詞 .
サユ　　　　トゥルパクス

自分の意思に反して仕方なく行う時に使う表現です。

病気のため、私はやむをえず欠席します。

Saya terpaksa tidak hadir kerana sakit.
サユ　　　トゥルパクス　　ティダッ　　ハデル　　　クラヌ　　　サケッ

ミニ会話

A　車のタイヤがパンクしました。

Tayar keretanya pancit.
タヤル　　　クレトゥニュ　　　パンチェッ

B　目的地はまだ遠いですか?

Destinasinya masih jauh?
デスティナスィニュ　　　マセ　　　ジャオ

A　はい。私たちは1時間歩かざるをえません。

Ya. Kita terpaksa berjalan kaki
ユ　キトゥ　　トゥルパクス　　　ブルジャラン　　カキ

selama satu jam.
スラム　　サトゥ　　ジャム

B　大丈夫です。ついでに運動します。

Tak apa. Sekali gus bersenam.
タッ　アプ　　　スカリ　　ゴス　　　ブルスナム

sekali gus「同時に、ついでに」は、あることをする機会
を利用して、一緒にほかのことを行う時に用います。

08 快諾、強い願望

102

基本フレーズ

喜んで私は〜します。

Dengan senang hati saya + 動詞 .
ドゥ(ン)ガン　　スナン(グ)　　ハティ　　サユ

Dengan hati terbuka saya + 動詞 .
ドゥ(ン)ガン　　ハティ　　トゥルブク　　サユ

dengan senang hati / dengan hati terbuka「喜んで」は相手の申し出を快諾する時の表現です。

喜んで私は協力します。

Dengan senang hati saya bekerjasama.
ドゥ(ン)ガン　　スナン(グ)　　ハティ　　サユ　　ブクルジュサム

喜んで私は出席します。

Dengan senang hati saya hadir.
ドゥ(ン)ガン　　スナン(グ)　　ハティ　　サユ　　ハデル

> 「残念ながら私は欠席します」は **Sayang, saya tidak hadir.** [サヤン（グ）サユ　ティダッ　ハデル]。

喜んで私はあなたと一緒に行きます。

Dengan hati terbuka saya ikut puan.
ドゥ(ン)ガン　　ハティ　　トゥルブク　　サユ　　イコッ　　プワン

喜んで私はあなたをお手伝いします。

Dengan hati terbuka saya membantu encik.
ドゥ(ン)ガン　　ハティ　　トゥルブク　　サユ　　ムンバントゥ　　ウンチェッ

喜んで私はあなたを案内します。

Dengan senang hati saya menghantar awak.
ドゥ(ン)ガン　　スナン(グ)　　ハティ　　サユ　　ムン(グ)ハンタル　　アワッ

私は〜したくてたまりません。

Saya ingin sekali + 動詞 .
サユ　　イ(ン)ギン　　スカリ

ingin は mahu［マフ］「〜したい」（→P097）より強い願望を表します。

私は昔の友だちに会いたくてたまりません。

Saya ingin sekali bertemu dengan kawan lama.
サユ　イ(ン)ギン　スカリ　　　ブルトゥム　　ドゥ(ン)ガン　　カワン　　ラム

A 1日中外出したので、私はとても疲れました。

Saya penat sekali kerana keluar
サユ　　ブナッ　　スカリ　　　クラヌ　　　クルワル

sepanjang hari / sehari suntuk.
スパンジャン(グ)　　ハリ　　　スハリ　　スントッ

私はどうしてもすぐに休憩したいです。

Saya ingin sekali segera berehat.
サユ　イ(ン)ギン　スカリ　　スグル　　　ブレハッ

B 私は冷たいビールを飲みたくてたまりません。

Saya ingin sekali minum bir yang
サユ　イ(ン)ギン　スカリ　　　ミノム　　ビル　ヤン(グ)

sejuk.
スジョッ

A ビールを飲みながら休憩しましょう。

Mari kita berehat sambil minum bir.
マリ　キトゥ　ブレハッ　　サンベル　　ミノム　ビル

sambil「〜しながら」は2つの動作の同時進行を表します。

09 物事、才能をほめる

103

基本フレーズ

とてもすてきな〜ですね。
とてもすばらしい〜ですね。

名詞 -nya bagus sekali.
ニュ　　　バゴス　　　スカリ

その場の状況で、すでに明白なもの（名詞）を特定する場合は、名詞の後に接尾辞 **-nya** をつけます。

とてもすてきな話ですね。

Ceritanya bagus sekali.
チュリタニュ　　　バゴス　　　スカリ

とてもすばらしい英語ですね。

Bahasa Inggerisnya bagus sekali.
バハス　　イングレスニュ　　　バゴス　　　スカリ

とてもすてきなバティックのシャツですね。

Kemeja batiknya bagus sekali.
クメジュ　　バテッニュ　　　バゴス　　　スカリ

バティックはろうけつ染めの布で、マレーシアやインドネシアの伝統工芸です。マレーシアのバティックはカラフルで鮮やかな色が特徴ですが、最近はシックで落ち着いた色使いのシャツやブラウスなども出ています。

とてもすばらしい家と庭ですね。

Rumah dan halamannya bagus sekali.
ルマ　　ダン　　ハラマンニュ　　　バゴス　　　スカリ

あなたは〜がとても上手ですね。

Awak sangat pandai + 動詞 .
アワッ　　　サ(ン)ガッ　　パンダイ

相手の才能をほめる時に使う表現です。例文の日本語は名詞に訳されていますが、マレー語は pandai の後に動詞を入れてください。

あなたは歌と踊りがとても上手ですね。

Encik sangat pandai menyanyi dan menari.
ウンチェッ　サ(ン)ガッ　パンダイ　　ムニャニ　　ダン　　ムナリ

ミニ会話

A　この料理はとてもおいしいです。

Masakan ini sedap sekali.
マサカン　　イニ　スダッ(プ)　スカリ

B　私がそれを料理しました。

Saya yang memasaknya.
サユ　　ヤン(グ)　　ムマサッニュ

「私が」と強調する場合は、主語の後に yang を置きます。

A　すごい、あなたは料理が上手ですね。

Hebat, puan pandai memasak.
ヘバッ　　ブワン　パンダイ　ムマサッ

私はあなたから学びたいです。

Saya mahu belajar dari puan.
サユ　　マフ　ブラジャル　ダリ　ブワン

B　いいですよ、喜んで。

Okey, dengan hati terbuka.
オケ　ドゥ(ン)ガン　ハティ　トゥルブク

195

10 感謝、理由を伝える

104

基本フレーズ

～のおかげです。 / ～のせいです。

Berkat ~.
ブルカッ

Gara-gara ~.
ガルガル

berkat「～のおかげで」が相手の助力や親切への感謝を表すのに対し、**gara-gara**「～のせいで」は好ましくない結果の原因を述べます。

先生の指導のおかげで、私の子供は英語が上手です。

Berkat bimbingan cikgu, anak saya pandai
ブルカッ　　　ビンビ(ン)ガン　　チッグ　　アナッ　　サユ　　パンダイ

berbahasa Inggeris.
ブルバハス　　　イングレス

cikgu, guruは共に「先生」ですが、「先生」と呼びかけたり、**Cikgu Fikry**［チッグ　フィクリ］「フィクリ先生」など先生の呼称には**cikgu**を用います。

あなたの協力のおかげで、問題は解決しました。

Berkat kerjasama puan, masalahnya diselesaikan.
ブルカッ　　　クルジュサム　　プワン　　マサラニュ　　ディスルサイカン

食べすぎたせいで、私はお腹が痛くなりました。

Gara-gara terlalu banyak makan, saya
ガルガル　　　トゥルラル　　バニャッ　　マカン　　サユ

sakit perut.
サケッ　　プロッ

道が渋滞していたせいで、私は遅れました。

Gara-gara jalan sesak, saya terlambat.
ガルガル　　　ジャラン　スサッ　　サユ　　トゥルランバッ

A 悪天候のせいで、飛行機が5時間遅れました。

Gara-gara cuaca buruk, kapal
ガルガル　　　チュワチュ　　ブロッ　　　カパル

terbangnya tertunda lima jam.
トゥルバン(グ)ニュ　　トゥルトゥンダ　　リム　　ジャム

しかし、あなたのご助力のおかげで、
私は無事に日本に戻ることができました。

Namun, berkat bantuan puan, saya
ナモン　　　ブルカッ　　バントゥワン　　プワン　　サユ

dapat balik ke Jepun
ダパッ　　バレッ　　ク　　ジュポン

dengan selamat.
ドゥ(ン)ガン　　スラマッ

B あなたのご家族によろしくお伝えください。

Sampaikan salam saya kepada
サンパイカン　　　サラム　　サユ　　クパドゥ

keluarga encik.
クルワルグ　　ウンチェッ

Sampaikan salam saya kepada + 人. 「～によろしくお伝えください」は決まり文句です。

A ありがとう。あなたのご配慮のおかげで、
旅行はとても楽しかったです。

Terima kasih. Berkat keprihatinan
トゥリム　　カセ　　　ブルカッ　　　クプリハティナン

puan pelancongannya sangat
プワン　　プランチョ(ン)ガンニュ　　サンガッ

seronok.
スロノッ

練習問題

1 次の文をマレー語にしてみましょう。
「あなた」は awak を使ってください。

① 食事をおごっていただきありがとうございます。

② お待たせしてごめんなさい。

③ あなたがいつもお元気で活躍されますように。

④ 断食明け大祭おめでとうございます。

⑤ 私はお腹が痛くて、下痢をしています。

⑥ 私は上着をレストランに置き忘れました。

⑦ テレビが故障しています。修理してください。

⑧ 私は喜んであなたをお手伝いします。

⑨ とてもすてきなバティックの服ですね。

⑩ あなたのご助力のおかげで、問題は解決しました。

1 Terima kasih kerana sudah belanja saya. →P178
トゥリム　カセ　クラヌ　スダ　ブランジュ　サユ

2 Minta maaf kerana membuat awak menunggu.
ミントゥ　マアフ　クラヌ　ムンブワッ　アワッ　ムヌング
→P181

3 Semoga awak sihat selalu dan berjaya. →P182
スモグ　アワッ　スィハッ　スラル　ダン　ブルジャユ

4 Selamat Hari Raya Aidilfitri. →P184
スラマッ　ハリ　ラユ　アイディルフィトゥリ

5 Saya sakit perut dan cirit-birit. →P186, P187
サユ　サケッ　ブロッ　ダン　チレッビレッ

6 Jaket saya tertinggal di restoran. →P188
ジャケッ　サユ　トゥルティンガル　ディ　レストラン

7 TVnya rosak. Tolong perbaiki. →P190, P211
ティーヴィーニュ　ロサッ　トロン(グ)　ブルバイキ

8 Dengan senang hati / hati terbuka saya membantu
ドゥ(ン)ガン　スナン(グ)　ハティ　ハティ　トゥルブカ　サユ　ムンバントゥ
awak. →P192
アワッ

9 Baju batiknya bagus sekali. →P194, P224
バジュ　バテッニュ　バゴス　スカリ

10 Berkat bantuan awak, masalahnya diselesaikan.
ブルカッ　バントゥワン　アワッ　マサラニュ　ディスルサイカン
→P196, P197

練習問題

2 次の会話文をマレー語にしてみましょう。

① A：あなたは日本語がとても上手ですね。

B：ありがとう。毎日、私は勉強しています。

② A：私は交通事故に遭いました。

B：あなたにケガはありませんか?

③ A：私は体調がよくありません。風邪を引きました。

B：早く治りますように。

解答

① A：**Awak sangat pandai berbahasa Jepun.** →P195, P196
アワッ　サンガッ　パンダイ　ブルバハス　ジュポン

B：**Terima kasih. Saya belajar setiap hari.** →P239, P228
トゥリム　カセ　サユ　ブラジャル　スティヤッ(ブ)　ハリ

② A：**Saya terlibat dalam kemalangan jalan raya.**
サユ　トゥルリバッ(ト)　ダラム　クマラ(ン)ガン　ジャラン　ラユ

B：**Adakah awak tidak terluka / cedera?** →P188, P189
アダカ　アワッ　ティダッ　トゥルルク　チュドゥル

③ A：**Badan saya rasa tak sedap / sihat. Saya selesema.**
バダン　サユ　ラス　タッ　スダッ(ブ)　スィハッ　サユ　スルスム

B：**Mudah-mudahan cepat sembuh.** →P186, P187, P182
ムダムダハン　チュパッ　スンボ

Kolom Mini
(Mini Column)

マレー語と日本語の微妙な違い

　マレー語には wang saku ［ワン（グ）　サク］「ポケットマネー」、besar mulut ［ブサル　ムロッ］「大口をたたく」など日本語と同じ表現もありますが、ここでは日本語と微妙に違う表現を紹介します。

telur mata lembu
トゥロル　　　　　マトゥ　　　　　ルンブ

 目玉焼き → ◯ 牛の目焼き

telur dadar ［トゥロル　ダダル］「オムレツ」、telur rebus ［トゥロル　ルボス］「ゆで卵」と並ぶ代表的な卵料理の1つ「目玉焼き」ですが、マレー語では biji mata ［ビジ　マトゥ］「目玉」ではなく、mata lembu「牛の目」になります。ちなみに、マレーシアで nasi goreng spesial ［ナスィ　ゴレン（グ）　スペスィヤル］「スペシャルチャーハン」を注文すると「スペシャル」の目玉焼きをトッピングしてくれます。

campur tangan
チャンポル　　　　タ（ン）ガン

 首を突っ込む → ◯ 手を突っ込む

campur は沖縄料理「ゴーヤチャンプル」の「チャンプル」と語源が同じで、「混ぜる、干渉する」という意味があります。campur tangan は日本語の「首を突っ込む」に当たる表現です。

kakitangan
カキタ（ン）ガン

✕ 手足 → ◎ 職員、スタッフ

kaki「足」と tangan「手」を1つの単語にした kakitangan は「手足」ではなく、日本語の「職員、スタッフ」の意味で使われます。たとえば、**kakitangan syarikat**［カキタ（ン）ガン　シャリカッ］（= **pekerja syarikat**［プクルジュ　シャリカッ］）「会社員」、**kakitangan kerajaan**［カキタ（ン）ガン　クラジャアン］「公務員」などです。

kaki ayam
カキ　　　アヤム

◯ 鶏の足 → ◎ 鶏の足、裸足

kaki ayam「鶏の足」という本来の意味のほかに、マレー語には **kaki telanjang**［カキ　トゥランジャン（グ）］「裸足」という意味もあります。

rendah hati
ルンダ　　　ハティ

✕ 腰が低い → ◯ 心が低い

「腰が低い、謙虚な」は腰ではなく **hati**「心」を用います。**diri**「自分自身」が低い **rendah diri**［ルンダ　ディリ］も同じ意味です。

patah hati
パタ　　　ハティ

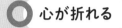 心が折れる →  失恋する、心が折れる

patah hati「心が折れる、絶望する」には「失恋する」という意味もあります。しかし、通常、「絶望する」には putus asa［プトス　アス］（直訳は「希望が断たれる」）を使い、「失恋する」は patah hati や putus cinta［プトス　チントゥ］（直訳は「恋（路）が断たれる」）がよく使われます。

ringan tangan
リ（ン）ガン　　　タ（ン）ガン

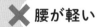 腰が軽い →  手が軽い

「腰が軽い」は腰ではなく tangan「手」を用います。tangan を用いた慣用表現には tangan kanan［タ（ン）ガン　カナン］「右腕」など日本語と同じ意味のものもあります。

seperti anjing dengan kucing
スプルティ　　　アンジェン（グ）　　　ドゥ（ン）ガン　　　クチェン（グ）

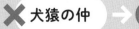 犬猿の仲 →  犬とネコのようだ

日本語の「犬猿の仲」に当たる表現ですが、マレーシアではサルではなくネコになります。

Day1
Day2
Day3
Day4
Day5
Day6
Day7
項目別単語

orang kecil
オラン(グ)　　　クチェル

❌ 小さな人　→　⭕ 小物、下っ端

文字通り「小柄な人」という意味もありますが、通常は「下っ端、地位の低い人」を指します。反意語の **orang besar**〔オラン（グ）　ブサル〕にも「大柄な人」という意味がありますが、通常は「大物、地位の高い人」を指します。

lebih dari lima orang
ルベ　　　　ダリ　　　　リム　　　　オラン(グ)

❌ 5人以上　→　⭕ 6人以上

kurang dari lima orang
クラン(グ)　　　ダリ　　　　リム　　　　オラン(グ)

❌ 5人以下　→　⭕ 4人以下

lebih dari ~「～より多い」、**kurang dari ~**「～より少ない」という意味で、**lebih dari lima orang**「5人より多い」は「6人以上」、**kurang dari lima orang**「5人より少ない」は「4人以下」になります。「5人以上」なら、**lebih dari empat orang**〔ルベ　ダリ　ウンパッ　オラン（グ）〕「4人より多い」と言います。P140の **lebih dari satu tahun**〔ルベ　ダリ　サトゥ　タホン〕「1年以上」は、厳密には「1年と1日以上」です。

巻末

項目別単語

類義語、同意語、反意語はまとめて覚える

日常会話でよく使う単語を項目別にまとめました。
Day 1と**Day 2**で紹介した決まり文句や単語も参考
にしてください。これらの単語は、場面に応じて本
文の例文中の単語と入れ替えると応用できます。
語幹に接頭辞 **ber-** と接頭辞 **me-** の付く ber-動詞と
me-動詞は、日常会話ではしばしば接頭辞が省略さ
れます。ただし、省略できないものもあるため、省略
できる動詞には< >に語幹を明記しました。< >
がある動詞は< >内の語幹を使用しても構いません。

【巻末　項目別単語　kosa kata】
コサ　　カトゥ

名詞、形容詞、動詞以外の品詞、人称代名詞や数詞などの名詞、慣用表現などは**Day 1**、**Day 2**をご覧ください。

国 …………………………… 207

職業 ………………………… 208

家族／人 …………………… 209

趣味 ………………………… 210

部屋 ………………………… 211

建物／ビル ………………… 212

乗り物／施設 ……………… 213

天気／自然 ………………… 214

果物／野菜 ………………… 215

動物 ………………………… 216

魚／虫ほか ………………… 217

レストラン ………………… 218

メニュー …………………… 219

身体 ………………………… 220

病気／ケガ ………………… 221

ショッピングセンター …… 222

服／携行品 ………………… 224

色｜頻度 …………………… 225

曜日｜時、時間 …………… 226

月｜祝祭日／休日 ………… 227

日付 ………………………… 228

方位／位置 ………………… 229

形容詞（感情）……………… 230

形容詞（味覚ほか）………… 231

形容詞（性格）……………… 232

形容詞（形状／状態）……… 233

動詞 ………………………… 236

【Day 1】

日常のあいさつ …………… 026

気軽な日常のあいさつ …… 028

別れのあいさつ …………… 030

お礼とおわび ……………… 032

返事とあいづち …………… 034

感情を伝える ……………… 036

【Day 2】

指示代名詞、場所の副詞 … 050

人称代名詞 ………………… 051

数詞 ………………………… 052

序数 ………………………… 054

回数 ………………………… 054

通貨 ………………………… 054

助数詞 ……………………… 055

否定文 ……………………… 059

疑問文と答え方 …………… 063

疑問詞 ……………………… 064

年月日 ……………………… 065

期間 ………………………… 067

時刻 ………………………… 068

程度を表す副詞 …………… 070

比較 ………………………… 071

接続詞 ……………………… 072

完了、継続の助動詞 ……… 074

未来、可能などの助動詞 … 075

前置詞 ……………………… 076

国 **negara**
ヌガル

Inggeris［イングレス］はorang Inggeris［オラン（グ）イングレス］「英国人」、bahasa Inggeris［バハス　イングレス］「英語」など人や言語に使います（→P013）。

日本
Jepun
ジュポン

中国
China
チヌ

韓国
Korea Selatan
コレヤ　　　スラタン

インドネシア
Indonesia
インドネスィヤ

マレーシア
Malaysia
マレイスィヤ

シンガポール
Singapura
スィ（ン）ガプル

ブルネイ
Brunei Darussalam
ブルネイ　　　ダルサラム

フィリピン
Filipina
フィリピナ

ベトナム
Vietnam
ヴィエッナム

タイ
Thailand, negeri Thai
タイレン　　ヌグリ　　タイ

インド
India
インディヤ

フランス
Perancis
ブランチェス

英国
United Kingdom (UK)
ユナイテッ　キ（ン）グドム　ユーケー

ドイツ
Jerman
ジェルマン

オランダ
Belanda
ブランドゥ

スペイン
Sepanyol
スパニョル

ポルトガル
Portugal
ポルトゥガル

ロシア
Rusia
ルスィヤ

アメリカ合衆国
Amerika Syarikat
アメリカ　　シャリカッ

オーストラリア
Australia
オストレリヤ

サウジアラビア
Arab Saudi
アラッ（ブ）　サウディ

職業 pekerjaan
ブクルジャアン

cikgu「先生」は **Cikgu Fikry**〔チッグ フィクリ〕「フィクリ先生」など呼称にも使われますが、**Guru Fikry** とは言いません。

会社員
pekerja syarikat
ブクルジュ　　シャリカッ

役員
direktor
ディレクトル

国家公務員
pegawai kerajaan
プガワイ　　クラジャアン

自営業
kerja sendiri
クルジュ　スンディリ

調理師
tukang masak
トゥカン（グ）　　マサッ

ウエイター、ウエイトレス
pelayan restoran
プラヤン　　レストラン

店員
jurujual
ジュルジュワル

客室乗務員
anak kapal
アナッ　　カパル

運転手
pemandu
プマンドゥ

観光ガイド
pemandu pelancong
プマンドゥ　　プランチョン（グ）

通訳・翻訳者
jurubahasa
ジュルバハス

警察官
pegawai polis
プガワイ　　ポリス

看護師
jururawat
ジュルラワッ

医者
doktor
ドクトゥ

先生、教師
guru, cikgu
グル　　　チッグ

大学講師
pensyarah
プンシャラ

大学生
mahasiswa
マハスィスワ

学生、生徒
pelajar, murid
プラジャル　　ムリッ

主婦
suri rumah
スリ　　ルマ

お手伝いさん
pembantu rumah, orang gaji
プンバントゥ　　ルマ　　オラン（グ）　ガジ

> こちらの方がていねいです。

家族 keluarga ／ 人 orang
クルアルガ　　　　　　　オラン（グ）

＊の各単語の後に **lelaki**［ルラキ］「男」や**perempuan**［ブルンプワン］「女」を追加すると男女を区別できます。

祖父	父	兄／姉
datuk	**bapa, ayah**	**abang／kakak**
ダトッ	バプ　　アヤ	アバン（グ）　　カカッ
⇕	⇕	⇕
祖母	母	弟、妹＊
nenek	**emak, ibu**	**adik**
ネネッ	ウマッ　　イブ	アディッ

夫	伯父、叔父	両親、親
suami	**pak cik**	**orang tua, ibu bapa**
スワミ	パッ　チッ	オラン（グ）トゥワ　イブ　バプ
⇕	⇕	
妻	伯母、叔母	兄弟、姉妹
isteri	**mak cik**	**adik-beradik**
イストゥリ	マッ　チッ	アディッブルアディッ

孫	いとこ	子供（息子、娘）＊
cucu	**sepupu**	**anak**
チュチュ	スブブ	アナッ

「大人」に対する「子供」は **budak**［ブダッ］や **kanak-kanak**［カナッカナッ］。

甥、姪＊	親戚	客（顧客）／客（来訪者）
anak saudara	**saudara**	**pelanggan／tetamu**
アナッ　サウダル	サウダル	プランガン　　トゥタム

友だち	恋人	婚約者
kawan, teman	**kekasih**	**tunang**
カワン　トゥマン	クカセ	トゥナン（グ）

趣味 hobi
ホビ

ゴルフ	サッカー	テニス
golf	**bola sepak**	**tenis**
ゴルフ	ボラ　セパッ	テニス

水泳	サーフィン	ダイビング
berenang	**luncur air**	**selam skuba**
ブルナン(グ)	ルンチョル　アエル	スラム　スクバ

スポーツ	民族舞踊	チャックレンポン
sukan	**tarian rakyat**	**caklempong**
スカン	タリヤン　　ラッヤッ	チャッレンポン(グ)

コンピューターゲーム	観光に行く、旅行する	散歩する
permainan komputer	**melancong**	**berjalan-jalan**
ブルマエナン　　コンプトゥル	ムランチョン(グ)	ブルジャランジャラン

ドライブする	釣りをする	料理する
memandu kereta	**memancing**	**memasak**
ムマンドゥ　　クレトゥ	ムマンチェン(グ)	ムマサッ

山登りする	読書する	ガーデニングをする
mendaki gunung	**membaca**	**berkebun**
ムンダキ　　グノン(グ)	ムンバチュ	ブルクボン

映画鑑賞をする	テレビを見る	音楽鑑賞をする
menonton filem / wayang	**menonton TV**	**mendengar muzik**
ムノントン　　フィルム　　ワヤン(グ)	ムノントン　ティーヴィー	ムンドゥ(ン)ガル　ミュゼッ

部屋 bilik
ビレッ

カギ	ドア	窓
kunci	**pintu**	**tingkap**
クンチ	ピントゥ	ティン(グ)カッ(プ)

テーブル、机	いす	クローゼット
meja	**kerusi**	**almari baju**
メジュ	クルスィ	アルマリ　バジュ

ベッド	シーツ	冷蔵庫
katil	**cadar**	**peti sejuk**
カテル	チャダル	プティ　スジョッ

毛布	枕	トイレ
selimut	**bantal**	**tandas, toilet**
スリモッ	バンタル	タンダス　トイレッ

電話	テレビ	バスルーム
telefon	**TV, televisyen**	**bilik mandi / air**
テレフォン	ティーヴィー　テレヴィシュン	ビレッ　マンディ　アエル

電灯、照明	エアコン	ドライヤー
lampu	**penghawa dingin**	**pengering rambut**
ランプ	プン(グ)ハウ　ディ(ン)ゲン	プ(ン)グリン(グ)　ランボッ

鏡	ゴミ箱	インターネット回線
cermin	**tong sampah**	**talian internet**
チュルメン	トン(グ)　サンパ	タリヤン　イントゥルネッ

建物 bangunan ／ ビル gedung

バ(ン)グナン　　　　　　　　グドン(グ)

家	ホテル	事務所、オフィス
rumah	**hotel**	**pejabat, ofis**
ルマ	ホテル	プジャバッ　　オフィス

> 「会社」は syarikat [シャリカッ]、「役所」は pejabat awam [プジャバッ　アワム]／pejabat kerajaan [プジャバッ　クラジャアン]。

警察署	病院	薬局
balai polis	**hospital**	**farmasi, dispensari**
バライ　ポリス	ホスピタル	ファマスィ　　　ディスペンサリ

郵便局	銀行	映画館
pejabat pos	**bank**	**pawagam**
プジャバッ　　ポス	バン(グ)	パワガム

> panggung wayang gambar [パンゴン(グ)　ワヤン(グ)　ガンバル] の略。

店	市場	スーパーマーケット
kedai	**pasar**	**pasar raya**
クダイ	パサル	パサル　　ラユ

屋台	モスク	教会
gerai	**masjid**	**gereja**
グライ	マスジェッ	グレジュ

ヒンドゥー教寺院	仏教寺院	公園
kuil	**tokong**	**taman**
クエル	トコン(グ)	タマン

> 動物園は zoo [ズー]。

博物館	学校	日本大使館
muzium	**sekolah**	**Kedutaan Besar Jepun**
ムズィウム	スコラ	クドゥタアン　　プサル　　ジュポン

乗り物 kenderaan ／ 施設 fasiliti
クンドゥラアン　　　　　　　　　ファスィリティ

車	タクシー	ミニバス
kereta	**teksi**	**bas mini**
クレトゥ	テクスィ	バス　ミニ

バス	バスターミナル	バス停
bas	**stesen bas**	**perhentian / hentian bas**
バス	ステセン　バス	プルフンティヤン　フンティヤン　バス

自転車	オートバイ	ガソリンスタンド
basikal	**motosikal, motor**	**stesen minyak**
バスィカル	モトスィカル　　モトル	ステセン　ミニャッ

道、通り	高速道路	駐車場
jalan	**lebuh raya**	**tempat letak kereta**
ジャラン	ルボ　ラユ	トゥンパッ　ルタッ　クレトゥ

信号	橋	列車
lampu isyarat	**jambatan**	**kereta api**
ランプ　イシャラッ	ジャンバタン	クレトゥ　アピ

駅	船	舟
stesen	**kapal**	**perahu**
ステセン	カパル	プラウ

港	飛行機	空港
pelabuhan	**kapal terbang, pesawat**	**lapangan terbang**
プラブハン	カパル　トゥルバン（グ）　プサワッ	ラパ（ン）ガン　トゥルバン（グ）

天気 cuaca ／ 自然 alam

🔊 112

チュワチュ　　　アラム

太陽 **matahari** マタハリ	月 **bulan** ブラン	星 **bintang** ビンタン(グ)
空 **langit** ラ(ン)ゲッ	雲 **awan** アワン	雨 **hujan** フジャン
風 **angin** ア(ン)ゲン	嵐、暴風 **ribut, badai** リボッ　　バダイ	地震 **gempa bumi** グンプ　　ブミ
洪水 **banjir** バンジェル	山 **gunung** グノン(グ)	森、森林 **hutan** フタン
川 **sungai** ス(ン)ガイ	湖 **tasik, danau** タセッ　　ダナウ	海 **laut** ラオッ
海岸、ビーチ **pantai** パンタイ	島 **pulau** プラウ	水田 **sawah** サワ
畑、農園 **ladang, kebun** ラダン(グ)　　クボン	木 **pokok** ポコッ	花 **bunga** ブ(ン)グ

果物 buah-buahan／野菜 sayur
ブワブワハン　　　　　　　　　サヨル

バナナ
pisang
ピサン(グ)

スイカ
tembikai
トゥンビカイ

パイナップル
nanas
ナナス

マンゴー
mangga
マング

パパイヤ
betik
ブテッ

マンゴスチン
manggis
マンゲス

ドリアン
durian
ドゥリヤン

ジャックフルーツ
nangka
ナン(グ)ク

ココヤシの実
kelapa
クラプ

柑橘類
limau
リマウ

ニンジン
lobak merah
ロバッ　　　メラ

トウモロコシ
jagung
ジャゴン(グ)

キャベツ
kubis
クベス

空心菜
kangkung
カン(グ)コン(グ)

キュウリ
timun
ティモン

トマト
tomato
トマト

イモ
ubi
ウビ

豆
kacang
カチャン(グ)

唐辛子
cili, cabai, lada
チリ　　チャバイ　ラドゥ

エシャロット
bawang merah
バワン(グ)　　メラ

ニンニク
bawang putih
バワン(グ)　　プテ

項目別単語

動物 binatang, haiwan
ビナタン（グ）　　ハイワン

犬	ネコ	牛
anjing	**kucing**	**lembu**
アンジェン（グ）	クチェン（グ）	ルンブ

水牛	馬	山羊
kerbau	**kuda**	**kambing**
クルバウ	クドゥ	カンベン（グ）

羊	豚	ウサギ
biri-biri	**babi, khinzir**	**arnab**
ビリビリ	バビ　　キンゼル	アルナッ（ブ）

ネズミ	サル	オランウータン
tikus	**monyet**	**orang utan**
ティコス	モニェッ	オラン（グ）　ウタン

ゾウ	トラ	コウモリ
gajah	**harimau**	**kelawar**
ガジャ	ハリマウ	クラワル

ヘビ	ヤモリ	カエル
ular	**cicak**	**katak, kodok**
ウラル	チチャッ	カタッ　　コドッ

鳥	鶏	アヒル、カモ
burung	**ayam**	**itik**
ブロン（グ）	アヤム	イテッ

魚 ikan／虫 serangga ほか
イカン　　　　スラング

ナマズ	ウナギ	エビ
ikan keli / sembilang	**belut**	**udang**
イカン　クリ　　スンビラン(グ)	ブロッ	ウダン(グ)

カニ	イカ	マグロ
ketam	**sotong**	**tuna**
クタム	ソトン(グ)	トゥナ

小魚	イルカ	クジラ
ikan bilis	**lumba-lumba, lelumba**	**ikan paus**
イカン　ビレス	ルンブルンブ　　ルルンブ	イカン　パウス

サメ	ウミガメ	貝
ikan yu / jerung	**penyu**	**kerang, siput**
イカン　ユ　ジュロン(グ)	プニュ	クラン(グ)　スィポッ

サンゴ礁	海草	ハエ
terumbu karang	**rumpai laut**	**lalat**
トゥルンブ　カラン(グ)	ルンパイ　ラオッ	ララッ

蚊	アリ	ゴキブリ
nyamuk	**semut**	**lipas**
ニャモッ	スモッ	リパス

クモ	蝶	ハチ
labah-labah	**kupu-kupu**	**lebah**
ラバラバ	クプクプ	ルバ

レストラン restoran
レストラン

皿
pinggan
ピンガン

椀
mangkuk
マン(グ)コッ

スプーン
sudu
スドゥ

フォーク
garpu
ガルプ

ナイフ
pisau
ピサウ

箸
penyepit, sepit
プニュペッ　　スペッ

グラス、コップ
gelas
グラス

カップ
cawan
チャワン

お冷
air putih
アエル　プテ

お湯
air panas
アエル　パナス

氷
ais, air batu
アイス　アエル　バトゥ

コーヒー
kopi
コピ

ミルク
susu
スス

お茶、紅茶
teh
テ

ジュース
jus
ジュス

ビール
bir
ビル

ワイン
wain
ワイン

砂糖
gula
グル

塩
garam
ガラム

コショウ
lada
ラドゥ

サンバル（辛味調味料）
sambal
サンバル

メニュー menu
メニュ

白飯
nasi putih
ナスィ　プテ

チャーハン
nasi goreng
ナスィ　ゴレン(グ)

ワンプレートご飯
nasi campur
ナスィ　チャンポル

鶏肉のおかゆ
bubur ayam
ブボル　アヤム

焼きそば
mi goreng
ミ　ゴレン(グ)

ラクサ(米粉麺料理)
laksa
ラクサ

ココナツミルク炊きご飯
nasi lemak
ナスィ　ルマッ

具だくさん鶏肉スープ
soto ayam
ソト　アヤム

魚のカレー煮
gulai ikan
グライ　イカン

レンズ豆のカレー
kari kacang dal
カリ　カチャン(グ)　ダル

五目野菜炒め
capcai
チャプチャイ

ピリ辛空心菜炒め
kangkung cili
カン(グ)コン(グ)　チリ

鶏の唐揚げ
ayam goreng
アヤム　ゴレン(グ)

揚げ豆腐
tauhu goreng
タウフ　ゴレン(グ)

インド風クレープ
roti canai
ロティ　チャナイ

鶏の串焼き
sate ayam
サテ　アヤム

えびせんべい
keropok udang
クロポッ　ウダン(グ)

パン
roti
ロティ

揚げバナナ
pisang goreng
ピサン(グ)　ゴレン(グ)

ミックスかき氷
ais kacang
アイス　カチャン(グ)

アイスクリーム
aiskrim
アイスクリム

身体 badan, tubuh
バダン　　トゥボ

顔	頭	髪
muka, wajah	**kepala**	**rambut**
ムク　　ワジャ	クパル	ランボッ

目	鼻	耳
mata	**hidung**	**telinga**
マトゥ	ヒドン（グ）	トゥリ（ン）グ

口	歯	舌
mulut	**gigi**	**lidah**
ムロッ	ギギ	リダ

首	肩	胸
leher	**bahu**	**dada**
レヘル	バフ	ダドゥ

腕	手	指
lengan	**tangan**	**jari**
ル（ン）ガン	タ（ン）ガン	ジャリ

爪	背中	腹
kuku	**belakang**	**perut**
クク	ブラカン（グ）	プロッ

腰	尻	足、脚
pinggang	**punggung, pinggul**	**kaki**
ピンガン（グ）	プンゴン（グ）　　ピンゴル	カキ

病気 penyakit ／ ケガ luka, cedera
ブニャケッ   ルク   チュドゥル

下痢 **cirit-birit** チレッビレッ	吐き気がする／吐く **loya, mual / muntah** ロユ　ムアル　ムンタ	熱がある **demam** ドゥマム
寒気がする **merasa sejuk** ムラス　スジョッ	咳 **batuk** バトッ	息苦しい **sesak nafas** スサッ　ナファス
めまいがする **pening kepala** プネン(グ)　クバル	風邪 **masuk angin, selesema** マソッ　ア(ン)ゲン　スルスム	食中毒 **keracunan makanan** クラチュナン　マカナン
腸チフス **tifus abdomen** ティフス　アブドメン	肺炎 **radang paru-paru** ラダン(グ)　パルパル	アレルギー **alahan** アラハン
発疹 **ruam** ルアム	脱水症状 **penyahhidratan** ブニャヒドゥラタン	やけど **lecur** ルチョル
骨折 **patah tulang** パタ　トゥラン(グ)	ねんざ **seliuh, terseliuh** スリオ　トゥルスリオ	薬 **ubat** ウバッ
注射 **suntik, suntikan** スンテッ　スンテカン	点滴 **titisan intravena (IV)** ティティサン　イントラヴェナ　アイヴィ	入院する **masuk hospital** マソッ　ホスビタル

項目別単語

ショッピングセンター pusat beli-belah
ブサッ　　ブリブラ

グラウンドフロア（1階）
tingkat bawah
ティン(グ)カッ　　バワ

地下1階
tingkat 1 bawah tanah
ティン(グ)カッ　サトゥ　バワ　　タナ

> マレーシアは旧英国領のため、**tingkat 1**［ティン(グ) カッ サトゥ］は日本でいう「2階」です。

案内所
kaunter informasi
カウントゥル　　インフォルマスィ

手荷物預かり所
tempat penyimpanan barang
トゥンパッ　　ブニィンパナン　　バラン(グ)

買い物かご
bakul membeli-belah
バコル　　ムンブリブラ

ビニール袋
beg plastik
ベッ(グ)　プラスティッ

エレベーター
lif
リフ

試着室
fitting room
フィティン(グ)　ルーム

インスタント食品
makanan segera
マカナン　　スグル

菓子
kuih
クエ

飴
gula-gula
グルグル

ガム
gula-gula getah
グルグル　　グタ

チョコレート
coklat
チョクラッ

タオル
tuala
トゥワル

ハンカチ
sapu tangan
サプ　　タ(ン)ガン

ティッシュペーパー
kertas tisu
クルタス　　ティス

歯みがき粉
ubat gigi
ウバッ　　ギギ

歯ブラシ
berus gigi
ブルス　　ギギ

カミソリ
pisau cukur
ピサウ　　チュコル

シャンプー
syampu
シャンプ

リンス
perapi (rambut)
プラビ　　　ランボッ

日焼け止めクリーム
krim pelindung UV
クリム　プリンドン（グ）ユーヴィー

石けん
sabun
サボン

洗剤
(bahan) pencuci
バハン　プンチュチ

生理用品
tuala wanita
トゥワル　ワニタ

蚊取り線香／スプレー
ubat nyamuk
ウバッ　ニャモッ

電池
bateri
バトゥリ

ボールペン
pen mata bulat
ペン　マトゥ　ブラッ

鉛筆
pensil
ペンセル

紙
kertas
クルタス

本
buku
ブク

漫画
komik
コメッ

雑誌
majalah
マジャラ

新聞
surat khabar
スラッ　カバル

辞書
kamus
カモス

地図
peta
プトゥ

ネックレス
rantai leher
ランタイ　レヘル

指輪
cincin
チンチェン

ブレスレット
gelang
グラン（グ）

イヤリング
anting-anting
アンテン（グ）アンテン（グ）

「ピアス」は **subang**［スバン（グ）］。

化粧品
kosmetik
コスメティッ

口紅
gincu, lipstik
ギンチュ　リッ（プ）ステッ

香水
minyak wangi
ミニャッ　ワ（ン）ギ

項目別単語

服 pakaian, baju ／ 携行品 barang bawaan
バカイヤン　バジュ　　　　　　　　　　バラン(グ)　バワアン

帽子	上着	シャツ
topi	**jaket**	**kemeja**
トピ	ジャケッ	クメジュ

Tシャツ	ブラウス	ネクタイ
kemeja T	**blaus**	**tali leher**
クメジュ　ティ	ブラウス	タリ　レヘル

ズボン	ベルト	スカート
seluar	**tali pinggang**	**skirt**
スルワル	タリ　ピンガン(グ)	スクッ

下着	パンツ（下着）	ブラジャー
baju / pakaian dalam	**seluar dalam**	**bra**
バジュ　パカイヤン　ダラム	スルワル　ダラム	ブラ

水着	靴	財布
baju renang	**kasut**	**dompet**
バジュ　ルナン(グ)	カソッ	ドンペッ

携帯電話	腕時計	傘
telefon bimbit	**jam tangan**	**payung**
テレフォン　ビンベッ	ジャム　タ(ン)ガン	パヨン(グ)

メガネ	かばん、バッグ	スーツケース
kaca mata	**beg**	**beg pakaian**
カチュ　マトゥ	ベッ(グ)	ベッ(グ)　パカイヤン

色 warna
ワルヌ

色の後にtua [トゥワ]「濃い」やmuda [ムドゥ]「薄い」を入れると、biru tua [ビル トゥワ]「紺」、biru muda [ビル ムドゥ]「水色」など応用できます。

赤
merah
メラ

白
putih
プテ

青
biru
ビル

緑
hijau
ヒジャウ

黄色
kuning
クネン(グ)

黒
hitam
ヒタム

グレー
kelabu
クラブ

茶色
coklat
チョクラッ

紫
ungu
ウ(ン)グ

オレンジ
jingga
ジング

金色
warna emas
ワルヌ　ウマス

銀色
warna perak
ワルヌ　ペラッ

頻度 frekuensi
フレクエンスィ

Saya selalu lupa. [サユ　スラル　ルプ]「私はいつも忘れます」など動詞を伴ったり、質問の答えとして単独でも用います。

たまに
sekali-sekala
スカリスカル

時々
kadang-kadang
カダン(グ)カダン(グ)

何度か、何回か
beberapa kali
ブブラプ　　カリ

たびたび、よく
sering
スレン(グ)

いつも、常に
selalu
スラル

めったにない
jarang
ジャラン(グ)

曜日 hari
ハリ

今日、明日、先週、来年など年月日に関する単語はP065を参照してください。

日曜日
(hari) Ahad / hari Minggu
ハリ　アハッ　ハリ　ミング

> minggu「週」という意味もあるので、hari Minggu の hari は省略できません。

月曜日
(hari) Isnin
ハリ　イスネン

火曜日
(hari) Selasa
ハリ　スラス

水曜日
(hari) Rabu
ハリ　ラブ

木曜日
(hari) Khamis
ハリ　カメス

金曜日
(hari) Jumaat
ハリ　ジュマアッ

土曜日
(hari) Sabtu
ハリ　サッ(ブ)トゥ

🔊 125

時、時間 waktu, masa
ワクトゥ　マス

Nanti dia datang.［ナンティ ディア ダタン（グ）］「あとで彼は来ます」など文頭・文末に用い、segera のみ動詞の前に用います（→P117）。

今、現在
sekarang
スカラン(グ)

先ほど、さっき
tadi
タディ

のちほど、あとで
nanti
ナンティ

最近
akhir-akhir ini
アヘルアヘル　イニ

以前、昔
dulu, dahulu
ドゥル　ダフル

将来、未来
masa depan / hadapan
マサ　ドゥパン　ハダパン

すぐに
segera
スグル

急に、突然
tiba-tiba
ティブティブ

まもなく
sekejap / sebentar lagi
スクジャッ(ブ)　スブンタル　ラギ

月 bulan
ブラン

1月
Januari
ジャヌワリ

2月
Februari
フェブルワリ

3月
Mac
マッチ

4月
April
エイプリル

5月
Mei
メイ

6月
Jun
ジュン

7月
Julai
ジュライ

8月
Ogos
オゴス

9月
September
セプテンブル

10月
Oktober
オクトブル

11月
November
ノヴェンブル

12月
Disember
ディセンブル

祝祭日 cuti umum / am ／ 休日 hari cuti
チュティ　ウモム　　アム　　　　　　ハリ　チュティ

断食明け大祭
Hari Raya Aidilfitri
ハリ　　　ラユ　アイディルフィトゥリ

犠牲祭
Hari Raya Aidiladha
ハリ　　　ラユ　　アイディルアドハ

ディパバリ
Hari Deepavali
ハリ　　　ディパヴァリ

> ヒンドゥー
> 教の新年。

中国の旧正月
Tahun Baru Cina
タホン　　　バル　　チヌ

ナショナルデー
Hari Kebangsaan
ハリ　　　クバン(グ)サアン

クリスマス
Hari Krismas / Natal
ハリ　　クリスマス　　ナタル

日付 hari bulan, tarikh
ハリ　ブラン　タレ

🔊 128

同じ「今日の昼」でも、過去は **tadi**、現在は **ini**、未来は **nanti** を用います。**pagi**［パギ］「朝」、**petang**［プタン（グ）］「夕」、**malam**［マラム］「夜」も同様。

今日 **hari ini** ハリ　イニ	明日 **esok, besok** エソッ　ベソッ	明後日 **lusa** ルス
今 **sekarang** スカラン（グ）	昨日 **semalam, kelmarin** スマラム　クルマレン	一昨日 **kelmarin dulu** クルマレン　ドゥル
先週 **minggu lepas / lalu** ミング　ルパス　ラル	今週 **minggu ini** ミング　イニ	来週 **minggu depan / hadapan** ミング　ドゥパン　ハダパン
先月 **bulan lepas / lalu** ブラン　ルパス　ラル	今月 **bulan ini** ブラン　イニ	来月 **bulan depan / hadapan** ブラン　ドゥパン　ハダパン
昨年 **tahun lepas / lalu** タホン　ルパス　ラル	今年 **tahun ini** タホン　イニ	来年 **tahun depan / hadapan** タホン　ドゥパン　ハダパン
今日の昼（過去） **tengah hari tadi** トゥ（ン）ガ　ハリ　タディ	今日の昼（現在） **tengah hari ini** トゥ（ン）ガ　ハリ　イニ	今日の昼（未来） **tengah hari nanti** トゥ（ン）ガ　ハリ　ナンティ
毎日 **setiap / tiap hari** スティヤッ（プ）ティヤッ（プ）ハリ	今回 **kali ini** カリ　イニ	次回 **lain kali** ラエン　カリ

方位 arah ／ 位置 lokasi
アラ　　　　　　ロカスィ

上
atas
アタス

右
kanan
カナン

前、表
depan, hadapan
ドゥパン　　　ハダパン

↕

↕

↕

下
bawah
バワ

左
kiri
キリ

後、裏
belakang
ブラカン（グ）

外
luar
ルワル

北
utara
ウタル

東
timur
ティモル

↕

↕

↕

内、中
dalam
ダラム

南
selatan
スラタン

西
barat
バラッ

真ん中、中央
tengah
トゥ（ン）ガ

隣、側
sebelah
スブラ

端、縁
pinggir, tepi
ピンゲル　　トゥピ

中心、センター
pusat
プサッ

横、脇、傍ら
samping
サンペン（グ）

隅、角
sudut
スドゥッ

間
antara
アンタル

沿い
sepanjang
スパンジャン（グ）

周辺、付近
sekitar
スキタル

形容詞 adjektif（感情 emosi）
アジェクティフ　　　　　　エモスィ

🔊 130

名詞の **penakut**［プナコッ］「臆病者」、**pemalu**［プマル］「恥ずかしがりや」も覚えましょう。

うれしい	安心な	落ち着いた
gembira	**lega**	**tenang**
グンビル	ルグ	トゥナン（グ）

⇕ ⇕ ⇕

悲しい	心配な、不安な	動揺した
sedih	**risau, khuatir**	**resah**
スデ	リサウ　　フワテル	ルサ

楽しい	幸せな	恋しい、懐かしい
seronok	**bahagia**	**rindu, bernostalgia**
スロノッ	バハギユ	リンドゥ　　ブルノスタルギャ

勇気のある	恥ずかしい	うらやましい、嫉妬した
berani	**malu**	**iri hati, cemburu**
ブラニ	マル	イリ　ハティ　　チュンブル

怒った	飽きた、うんざりした	がっかりした、失望した
marah, geram	**bosan**	**kecewa**
マラ　　グラム	ボサン	クチェウ

困難な、大変な	困惑した	ぎこちない、不器用な
susah	**bingung, keliru**	**kekok, janggal**
スサ	ビ（ン）ゴン（グ）　　クリル	ケコッ　　ジャンガル

怖い	驚いた	緊張した
takut	**terkejut, terperanjat**	**gemuruh**
タコッ	トゥルクジョッ　　トゥルプランジャッ	グムロ

形容詞 adjektif（味覚 cita rasa ほか）
アジェクティフ　　　　　　　　チタ　ラス

おいしい
sedap, lazat
スダッ（プ）　ラザッ

新鮮な
segar
スガル

生焼けの
setengah matang
ストゥ（ン）ガ　　マタン（グ）

⇕　⇕　⇕

おいしくない
tidak sedap / lazat
ティダッ　スダッ（プ）　ラザッ

腐った
basi, busuk
バスィ　ブソッ

焦げた
hangus
ハ（ン）ゴス

> マレー語には「まずい」という単語がないので、否定語 tidak「〜ない」を伴って「おいしくない」と言います。

のどが渇いた
dahaga
ダハグ

お腹がいっぱいの
kenyang
クニャン（グ）

⇕

> roti tawar［ロティ タワル］は食パン。

味がない
tawar, hambar
タワル　　ハンバル

空腹の
lapar
ラパル

甘い
manis
マネス

酸っぱい
masam
マサム

甘酸っぱい
masam-masam manis
マサムマサム　　マネス

辛い
pedas
プダス

塩辛い
masin
マセン

苦い
pahit
パヘッ

コクや旨味がある
kaya dengan rasa
カユ　ドゥ（ン）ガン　ラス

脂っこい
berlemak
ブルルマッ

パリパリした
rangup
ラ（ン）グッ（プ）

形容詞 adjektif（性格 sifat）
アジェクティフ　　　　　　　スィファッ

熱心な、勤勉な
rajin
ラジェン

頭のよい、上手な
pandai, pintar
パンダイ　　ピンタル

活発な、積極的な
aktif
アクティフ

⇕

怠惰な
malas
マラス

頭の悪い
bodoh, tolol
ボド　　トロル

消極的な
pasif
パスィフ

気さくな、親切な
ramah
ラマ

礼儀正しい
sopan
ソパン

生真面目な、真剣な
serius
セリオス

⇕

口の悪い、毒舌の
tajam mulut
タジャム　　ムロッ

粗野な
kasar
カサル

のんびりした
santai
サンタイ

性格がよい
bersikap baik
ブルシカッ（ブ）　バエッ

注意深い、綿密な
teliti
トゥリティ

節約の、倹約の
jimat, hemat
ジマッ　　ヘマッ

⇕

邪悪な、卑劣な
jahat
ジャハッ

いい加減な、だらしない
cuai, lalai
チュアイ　ララィ

浪費した
boros
ボロス

面白い、滑稽な
lucu
ルチュ

おしゃべりな
cerewet
チュレウェッ

無邪気な、だまされやすい
naif
ナエフ

形容詞 adjektif（形状 bentuk／状態 keadaan）
アジェクティフ　　　　　　　　　ブントッ　　　　　　　　　クアダアン

すばらしい
bagus
バゴス

よい
baik
バエッ

悪い、醜い
buruk, hodoh
ブロッ　　　ホド

すごい
hebat
ヘバッ

結構な
lumayan
ルマヤン

危機的な、深刻な
gawat, genting
ガワッ　　グンテン（グ）

きれいな、美しい
cantik
チャンテッ

かわいい
comel
チョメル

かっこいい
segak
セガッ

太った
gemuk
グモッ

やせた
kurus
クロス

スマートな、スリムな
lamping, lampai
ランペン（グ）　ランバイ

適切な、似合った
sesuai
ススワイ

ぴったりの、ちょうどの
ngam
（ン）ガム

ふさわしい、妥当な
layak
ラヤッ

盛大な
meriah
ムリア

にぎやかな、大勢の
ramai
ラマイ

うるさい、騒がしい
bising
ビセン（グ）

（面積、知識が）広い
luas
ルワス

（幅が）広い
lebar
レバル

狭い
sempit
スンピッ

大きい	（高さ、質が）高い	長い
besar	**tinggi**	**panjang**
ブサル	ティンギ	パンジャン（グ）
↕	↕	↕
小さい	（高さ、質が）低い	短い、（身長が）低い
kecil	**rendah**	**pendek**
クチェル	ルンダ	ペンデッ

多い	遠い	早い
banyak	**jauh**	**cepat**
バニャッ	ジャオ	チュパッ
↕	↕	↕
少ない	近い	遅い
sedikit	**dekat**	**lambat**
スディケッ	ドゥカッ	ランバッ

新しい	清潔な	重い
baharu, baru	**bersih**	**berat**
バハル　　バル	ブルセ	ブラッ
↕	↕	↕
古い	汚い	軽い
lama	**kotor**	**ringan**
ラム	コトル	リ（ン）ガン

強い	明るい	明らかな、はっきりした
kuat	**terang**	**jelas**
クワッ	トゥラン（グ）	ジュラス
↕	↕	↕
弱い	暗い	不明瞭な、ぼんやりした
lemah	**gelap**	**kabur**
ルマ	グラッ（プ）	カボル

（値段が）高い
mahal
マハル

⇕

安い
murah
ムラ

難しい、困難な
susah, sukar
スサ　　スカル

⇕

簡単な、容易な
mudah, senang
ムダ　　スナン（グ）

いっぱいの、満杯の
penuh
プノ

⇕

空の、空いている
kosong
コソン（グ）

硬い、堅い、固い
keras
クラス

⇕

やわらかい
empuk, lembut
ウンポッ　　ルンボッ

厚い
tebal
トゥバル

⇕

薄い
nipis
ニペス

深い
dalam
ダラム

⇕

浅い
cetek
チェテツ

若い
muda
ムドゥ

⇕

老いた
tua
トゥワ

お金持ちの
kaya
カユ

⇕

貧乏な
miskin
ミスケン

豪華な
mewah
メワ

⇕

質素な
sederhana
スドゥルハヌ

暑い、熱い
panas
パナス

⇕

寒い、冷たい
sejuk
スジョツ

暖かい、温かい
hangat
ハ（ン）ガツ

⇕

（天候が）涼しい、（態度が）冷たい
dingin
ディ（ン）ゲン

濡れた
basah
バサ

⇕

乾いた
kering
クレン（グ）

動詞 kata kerja
カトゥ　クルジュ

🔊 134

口語では、接頭辞 ber-, me- はしばしば省略され、< > に明記した語幹もしくは語幹＋接尾辞 -kan が使われます。しかし、一部、省略できない動詞には接頭辞を付けて用います。

食べる
makan
マカン

飲む
minum
ミノム

ある、いる、持つ
ada
アドゥ

持つ、所有する
punya
プニュ

立つ
berdiri
ブルディリ

座る
duduk
ドゥドッ

歩く
berjalan <jalan>
ブルジャラン　　ジャラン

走る、逃げる
berlari <lari>
ブルラリ　　ラリ

止まる
berhenti
ブルフンティ

見る
tengok, melihat <lihat>
テ(ン)ゴッ　ムリハッ　リハッ

（TV、公演を）観る
menonton <tonton>
ムノントン　　トントン

聞く
mendengar <dengar>
ムンドゥ(ン)ガル　ドゥ(ン)ガル

話す
bercakap <cakap>
ブルチャカッ(プ)　　チャカッ(プ)

おしゃべりする
bersembang <sembang>
ブルセンバン(グ)　　センバン(グ)

考える
berfikir <fikir>
ブルフィケル　　フィケル

知る
tahu
タフ

面識がある
kenal
クナル

理解する、わかる
faham
ファハム

読む
membaca <baca>
ムンバチュ　　バチュ

書く
menulis <tulis>
ムヌレス　　トゥレス

呼ぶ
memanggil <panggil>
ムマンゲル　　パンゲル

住む
tinggal
ティンガル

宿泊する
menginap <inap>
ム(ン)ギナッ(プ)　イナッ(プ)

移る、引っ越す
pindah
ピンダ

水浴びする
mandi
マンディ

洗う
mencuci <cuci>
ムンチュチ　チュチ

使う、着る
memakai <pakai>
ムマカイ　パカイ

買い物をする
membeli-belah <beli-belah>
ムンブリブラ　ブリブラ

取る
mengambil <ambil>
ム(ン)ガンベル　アンベル

手に入れる
mendapat <dapat>
ムンダパッ　ダパッ

探す
mencari <cari>
ムンチャリ　チャリ

選ぶ
memilih <pilih>
ムミレ　ピレ

試す
mencuba <cuba>
ムンチュブ　チュブ

立ち寄る
singgah
スィンガ

待つ
menunggu <tunggu>
ムヌング　トゥング

電話する
menelefon <telefon>
ムネレフォン　テレフォン

> 「注文する」はmemesan <pesan>［ムムサン プサン］。

予約する
menempah <tempah>
ムヌンパ　トゥンパ

支払う
membayar <bayar>
ムンバヤル　バヤル

休憩する
berehat <rehat>
ブレハッ　レハッ

送る
mengirim <kirim>
ム(ン)ギレム　キレム

運ぶ、持ち上げる
mengangkat <angkat>
ム(ン)ガン(グ)カッ　アン(グ)カッ

持って行く／来る
membawa <bawa>
ムンバウ　バウ

しまう、保管する
menyimpan <simpan>
ムニィンパン　スィンパン

取り替える
mengganti <ganti>
ムンガンティ　ガンティ

捨てる
membuang <buang>
ムンブワン(グ)　ブワン(グ)

項目別単語

使い果たす、尽きる	紛失する、なくす	一緒に行く、参加する
habis	**hilang**	**ikut**
ハベス	ヒラン(グ)	イコッ

歌う	踊る	結婚する
menyanyi <nyanyi>	**menari <tari>**	**berkahwin <kahwin>**
ムニャニ　ニャニ	ムナリ　タリ	ブルカウェン　カウェン

買う	あげる、与える	手伝う、助ける
membeli <beli>	**memberi <beri>**	**membantu <bantu>**
ムンブリ　ブリ	ムンブリ　ブリ	ムンバントゥ　バントゥ
⇅	⇅	⇅
売る	もらう、受け取る	じゃまをする
menjual <jual>	**menerima <terima>**	**mengganggu <ganggu>**
ムンジュワル　ジュワル	ムヌリム　トゥリム	ムンガング　ガング

迎えに行く	借りる	賃借する、レンタルする
pergi menjemput	**meminjam <pinjam>**	**menyewa <sewa>**
プルギ　ムンジュンポッ	ムミンジャム　ピンジャム	ムニェウ　セウ
⇅	⇅	⇅
案内する、見送る	貸す	賃貸する
menghantar <hantar>	**meminjamkan <pinjamkan>**	**menyewakan <sewakan>**
ム(ン)ハンタル　ハンタル	ムミンジャムカン　ピンジャムカン	ムニェワカン　セワカン

飛ぶ	生きる	勝つ
terbang	**hidup**	**menang**
トゥルバン(グ)	ヒドッ(ブ)	ムナン(グ)
⇅	⇅	⇅
落ちる	死ぬ	負ける
jatuh	**mati**	**kalah**
ジャト	マティ	カラ

行く	出発する		入る
pergi	**bertolak, berlepas**		**masuk**
プルギ	ブルトラッ ブルルパス		マソッ

⇕ ⇕ ⇕

来る	到着する		出る
datang	**tiba, sampai**		**keluar**
ダタン(グ)	ティブ サンパイ		クルワル

起きる	上がる、乗る	始まる、始める
bangun	**naik**	**bermula, mula**
バ(ン)ゴン	ナエッ	ブルムル ムル

⇕ ⇕ ⇕

寝る	下がる、降りる	終わる、終了する
tidur	**turun**	**selesai**
ティドル	トゥロン	スルサイ

覚えている、思い出す	開ける、開く	尋ねる
ingat	**membuka <buka>**	**bertanya <tanya>**
イ(ン)ガッ	ムンブク ブク	ブルタニュ タニュ

⇕ ⇕ ⇕

忘れる	閉める、閉まる	答える
lupa	**menutup <tutup>**	**menjawab <jawab>**
ルプ	ムヌトッ(プ) トゥトゥッ(プ)	ムンジャワッ(プ) ジャワッ(プ)

勉強する、学ぶ	働く	会う
belajar	**bekerja <kerja>**	**berjumpa <jumpa>**
ブラジャル	ブクルジュ クルジュ	ブルジュンプ ジュンプ

⇕ ⇕ ⇕

教える	遊ぶ	別れる
mengajar <ajar>	**bermain <main>**	**berpisah <pisah>**
ム(ン)ガジャル アジャル	ブルマエン マエン	ブルピサ ピサ

項目別単語

239

近藤　由美（こんどう　ゆみ）
青山学院女子短期大学英文学科卒業。INJカルチャーセンター代表として東南アジア言語教育に携わる。共著は『カラー版　CD付　インドネシア語が面白いほど身につく本』『CD付　タイ語が面白いほど身につく本』（共にKADOKAWA）、『らくらくインドネシア語初級（CD付）』（INJ）、『快速マスターインドネシア語』（語研）、『ニューエクスプレスプラス マレー語（CD付）』（白水社）ほか多数。
INJカルチャーセンター　www.injcc.com

モハマド・フィクリ・ビン・モハマド・ジュラニ（Mohammad Fikry Bin Mohammad Jelani）
マレーシア、ポートディクソン出身。東京理科大学大学院理工学研究科博士課程修了。現在、東京理科大学創域理工学部機械航空宇宙工学科・助教。現職前にはINJカルチャーセンター・マレー語講師として、官公庁や企業の語学研修を担当したり、旅行好きの方、通訳・翻訳のプロを目指す方など様々な目的の受講生を指導するほか、マレーシア文化セミナー講師としても活躍。

執筆協力／モハマド・アミルン・ビン・モハマド・ダウド
（Mohamad Amirun Bin Mohamad Daud）

音声DL付　マレーシア語の基本が7日間でわかる本

2024年3月19日　初版発行

著　　者／近藤　由美／モハマド・フィクリ・ビン・モハマド・ジュラニ
発　行　者／山下　直久
発　　　行／株式会社KADOKAWA
〒102-8177　東京都千代田区富士見2-13-3
電話 0570-002-301（ナビダイヤル）

印刷所／株式会社加藤文明社印刷所
製本所／株式会社加藤文明社印刷所

©Yumi Kondo & Mohammad Fikry Bin Mohammad Jelani 2024 Printed in Japan
ISBN 978-4-04-604588-1 C2087